分股控权

股权分配后如何保持公司控制权

刘育良 易倩 著

中国商业出版社

图书在版编目（CIP）数据

分股控权：股权分配后如何保持公司控制权/刘育良，易倩著. -- 北京：中国商业出版社，2022.4
ISBN 978-7-5208-2009-7

Ⅰ.①分… Ⅱ.①刘… ②易… Ⅲ.①公司—控制权—研究 Ⅳ.①F276.6

中国版本图书馆CIP数据核字（2021）第262002号

责任编辑：包晓嫱 佟彤

中国商业出版社出版发行
（www.zgsycb.com 100053 北京广安门内报国寺1号）
总编室：010-63180647　编辑室：010-83118925
发行部：010-83120835/8286
新华书店经销
香河县宏润印刷有限公司印刷

*

710毫米×1000毫米　16开　13印张　140千字
2022年4月第1版　2022年4月第1次印刷
定价：58.00元

****

（如有印装质量问题可更换）

前言

分股控权：企业老板的生死线！

任何一家企业从创立到发展都凝聚着创业者或老板的心血。创业维艰，为了让企业运营起来，需要没日没夜的工作；为了赢得客户，需要努力研发产品、塑造企业形象，呕心沥血；为了企业的顺利发展，需要积极打造优秀团队，殚精竭虑……他们像养育孩子一样，极具匠心、无限耐心地培育企业。可是，当"企业"这个孩子长大之后，他们却会遇到各种各样的难题。

孩子的成长，离不开父母无微不至的关怀和照顾。同样，企业的发展壮大也不能脱离员工或合作者的支持与帮助。比如，初创企业需要吸引能力强的高手员工，企业成长过程中也需要吸纳投资人。企业逐渐强大，这些"人"也会满心欢喜。然而，成也萧何败也萧何！公司高管内斗内耗、投资人越俎代庖，成为企业猝然而亡的一个关键性因素。但企业却无法离开他们。因为，没有能力强的员工，业务就无法完成；少了投资者，企业资金就会不足，就无法扩大生产……

创业者满心欢喜地看着企业这个"孩子"健康长大，但控股权的失去，也会让他们倍感焦虑。难道这个问题就无法解决吗？不！引入人才或引入资金的时候，只要合理分配股权，掌控公司的控股权，就能将企业这个"孩子"牢牢地抓在自己手中；否则，即使企业是你创立的、是你辛苦养大的，最终也可能因诸多因素被扫地出门。

这样的例子在现实中有很多，比如：

2010年，1号店以80%股权为代价从平安集团融资8000万元。后来，平安将1号店控股权转让给沃尔玛，最终沃尔玛全资控股1号店，创始人于刚经过多年的苦心奋斗，最后只能黯然离开。

百度是去哪儿网的股东，2016年百度打算让去哪儿网跟携程合作，创始人庄辰超不同意，但百度拥有约68.7%的投票权，庄辰超无可奈何，只能选择出走。

这样令人唏嘘悲叹的例子，在我们身边数不胜数。

股权分配和股权控股是企业老板的第一堂课，也是最重要的一堂课。股权是老板最大的财富，而控股权则是老板最大的权利。

公司控制权是从股东所有权中派生出来的一种经济性权利，是一种新的利益存在方式，正当行使这种权利，就能在股东之间营造出一种信任氛围，提高公司运行的效率。如果想将公司的人事、财务、营销等抓在手里，更好地为公司作决策，最好的方法就是掌握公司的控股权。

刘强东说过一句话："如果不能控制这家公司，我宁愿把它卖掉！"如果不能掌控公司，不能为公司的决策拍板，那么对于你来说，公司还有什么意义？因此，无论你打算成立公司，还是公司正在运作，都要合理分配股权，重视公司的控股权以及对控股权的掌控。

为了给创业者、管理者、投资者以帮助，笔者特意写了这本书。在本书中，笔者不仅会深入探讨股权分配的具体方法和关键操作，更会告诉读者：分股不等于分权，如何才能分得愉快、合得明白？如何拥有公司的控制大权？

本书分为两部分，上篇主要讲股权分配，下篇主要讲股权控制。

在上篇中，笔者从中小企业面临的主要问题着手，讲述了股权分配的关键，即采取适合自己的合伙方式，确定股权分配方法；让公司变得有价值，制订商业计划书，制订合理的股权分配方案，股改和定规。

在下篇中，不仅介绍了掌握公司绝对控制权的方法，比如，有限公司、章程控制、合伙企业、普通合伙人控制等；突出了企业保证控制权的黄金策略，比如，一票否决、股权代持、控制公司董事会等；引入了章程中控股权的约定；讲述了引发控制权旁落的隐患等，让读者引以为戒。

在企业发展过程中，股权分配和股权控制是必然面对的问题，需要我们了悟真理，提高认识，认知升级，认真实践。这本书为创业者、管理者和投资者提供了学习参考，值得一读。相信，只要你耐心阅读，将心注入，以行践言，必然能找到解决有关企业运营问题的方法。

创业的目的是修炼自己的内心，遇见更美的自己！彩虹在前方，我们在路上！

目录

上篇　股权分配

第一章　认知升级，保持公司控股权 / 2

　　一、中小企业面临的三大痛苦 / 2

　　二、中小企业发展问题的解决方案 / 10

　　三、控股权与控制权的关系如何 / 16

　　四、失去公司控制权，终究会是一场空 / 18

第二章　"五行"合伙人 / 23

　　一、公司发展的最高境界——资本盈利 / 23

　　二、"五行"合伙人 / 26

第三章　多种合伙方式，总有一种适合你 / 38

　　一、万物为你所用，通过连接拥有无限的资源 / 38

　　二、选择适合自己的合伙方式 / 43

第四章　股权分配方法（一）让公司变得有价值 / 61

　　一、传统的估值模型 / 61

　　二、新时代的估值模型 / 67

第五章　股权分配方法（二）制订商业计划书 / 76

　　一、势：你做的事情是不是大势所趋 / 76

　　二、事：你要做什么事 / 78

　　三、人：你有什么人 / 79

　　四、河：你的核心竞争力是什么 / 80

　　五、钱：说清楚关于钱的几个问题 / 83

第六章　股权分配方法（三）制订股权分配方案 / 86

　　一、股权分配方案 / 86

　　二、制订股权分配方案的原则 / 92

第七章　股权分配方法（四）股改 / 96

　　一、定向 / 96

　　二、定价 / 98

　　三、定量 / 100

　　四、定人 / 101

　　五、定类 / 106

　　六、定时 / 109

第八章　股权分配方法（五）定规 / 113

　　一、进入机制 / 113

　　二、退出机制 / 117

　　三、约束机制 / 120

　　四、分红机制 / 121

　　五、动态机制 / 127

下篇　股权控制

第九章　掌握公司的绝对控制权 / 132

　　一、合伙企业：GP 普通合伙人控制 / 132

　　二、股份公司：一致行动人 / 134

　　三、海外上市公司：AB 股 / 137

第十章　企业保证控制权的黄金策略 / 141

　　一、一票否决权 / 141

　　二、股权代持 / 144

　　三、控制公司董事会 / 149

第十一章　消除引发控制权旁落的隐患 / 153

　　一、股权结构不合理导致创始人出局 / 153

　　二、大股东恶意控制公司 / 155

　　三、大股东发生意外 / 161

　　四、股东私自转让股权 / 163

　　五、隐名股东潜藏危机 / 164

　　六、公司控股股东制作"黑账" / 168

　　七、夫妻一方转移、隐秘股权 / 170

第十二章　股权控制的章程约定 / 174

　　一、法定代表人人选 / 174

　　二、对外投资和担保 / 176

　　三、股东会职权约定 / 179

四、股东会议事规则、表决程序、任期 / 181

五、出资比例的约定 / 183

六、股权转让程序及限制性条件 / 185

七、股权能否继承 / 189

后记 / 194

上篇

股权分配

第一章 认知升级，保持公司控股权

企业创建初期，为了更有利于公司的运作和发展，创业者都会进行必要的股权分配。如果忽视了公司控制权，可能会让自己的一番心血付诸东流。因此，创业者必须提高认识，将股权牢牢掌握在自己手中。

一、中小企业面临的三大痛苦

（一）缺钱

资金短缺，是中小企业普遍面临的一大问题。为了解决这个问题，各个公司都会想尽办法，但结果并不尽如人意。下面是一个企业融资的事例：

某电子器件工厂签了一份300万元的订单，但刘总依然一筹莫展，原因很简单：缺钱，流动资金不足！眼看着原材料价格疯涨、招不到工人、汇率大幅变化，刘总更是头疼不已。为了完成这笔订单，刘总打算采购一些原材料和设备，但按照报价，还差100多万元。

刘总打算向银行借贷，可是接下来的经历却让他真正体会到了"蜀道难，难于上青天"这句话的要义。刘总找了几家银行，都被拒绝了，因为刘总的工厂缺少抵押物，完全是小型生产，处于市场底层，既没房产，也没土地。那么，企业该如何解决资金问题呢？

国内中小企业大都处于商业生态链的最底层，主要为外包式订单业务，劳动密集，利润微薄，现金流紧张……这类企业向银行贷款存在很大困难。

很多人会说大公司缺钱，上市公司缺钱，可现实却是越小的公司越缺钱。通常，企业因缺钱而压力最大的是财务总监，因为在资金规划方面真正做主的都是企业老板，而很多企业老板却缺乏对资金的预测、规划和分析能力。

对于企业来说，资金犹如血液之于人体。人体可以残缺，但绝不能让血液停止流动。企业运营同样如此！缺少资金，企业就会举步维艰；一旦资金链断裂，企业基本上也就垮了。

那么，究竟哪些原因会让企业陷入资金危机呢？

1. 过度投资

企业投资过度，固定资金就会大幅增加，如果其他因素保持不变，就会大量透支现金池中的现金，导致企业资金周转不灵。

2. 过度负债

企业负债太多，为了保证公司运营，不得不向银行借款。而银行借贷一般采取"先还旧债再借新债"的方式，如果资金周转不畅，不能及时归还旧债，企业就无法得到新的贷款，距离倒闭也就不远了。

3. 过度赊销

有这样一个公式：运营资金 = 存货 + 应收账款 – 应付账款。由此可知，在销售规模不变的前提下，改变销售策略，不仅会增加销售账期，还会增加应收账款，带来的直接结果就是运营资金增加；如果利润不变，同时没有外部融资，为了保持平衡，就只能减少现金池存量，这样也会给企业带来严重的资金危机。

4. 经营不善

企业经营管理不完善，产品力差、组织管理能力差、营销力差、品牌力差、风险管控能力差……一旦引起连锁反应，就会给企业的经营带来负面影响。企业利润率极低，现金池无法支撑日常经营，企业资金就会长期紧张，经营无法维持，无法建立良好的商誉，无法从外部成功融资，企业基本上也就难以为继了。

5. 过度运营

企业发展速度过快，运营资金和固定资金大幅增加，而经营利润有限，如果外部融资也跟不上，要想保持平衡，只能缩减现金存量，给企业带来资金危机。比如，企业去年运营资金为1亿元，今年想达到5亿~10亿元，运营过度，需要追加更多的资金，现金池严重失血，企业就会缺钱。

6. 过度压货

过度压货，不仅会带来存货的增加，还会带来运营资金的增加，若经营利润不变，借款金额不变，要想保持平衡，就只能减少现金存量，如此必然引起资金紧张，甚至资金链断裂。

7. 突发事件

企业遭遇火灾、安全生产事故、环境污染等事件，需要大规模赔付，就会涉及大量现金的使用，直接导致现金存量减少，如果时间来不及或借不到款，就只能变卖固定资产。

8. 股东投资不足或抽逃资金

股东投资意愿降低，资金减少，企业就会缺钱。

9. 通货膨胀

货币放水太严重，会降低企业的货币购买力，从而导致企业缺钱。

（二）缺人

企业的成功离不开人才，除了 CEO（Chief Executive Officer，首席执行官）外，还要有 CFO（Chief Financial Officer，首席财务官）。

一般来说，一辆车如果想跑得快，并不在于引擎有多好，而是刹车足够好。同样，公司的发展强大也离不开能力强的 CFO。但是，这里有个问题：对于能力强的人，公司一开始无法给他发年薪。比如，初创公司的创业资金还不到 50 万元人民币，自然无法给他更多的年薪，为了将这种人才留住，就可以将他变成联合创始人。而这也是吸引能人的关键，因为公司支付给他们的并不是工资和奖金，而是直接分股份、分未来，成为公司的"联合创始人"。

通常，企业只要运作起来，一定会有联合创始人。这些人每天想的事情不是我该如何做，而是如何找到联合创始人。

现实中，企业通常会遇到这样几个问题。

第一个问题，无法找到合适的人才。

企业进行招聘，招不到能力强、符合岗位要求的人才。一般，新人能力较弱，不能独当一面。为了招聘到合适的人才，就要在招聘上多花些时间。

第二个问题，元老缺少工作动力。

有些员工在企业成立时进入企业。经过多年的发展，一路走来，他们早已没了激情，缺乏斗志，没有战斗力，少了积极的工作状态。可是，这些元老级的人物，公司却无法苛责，怎么办？这时候，要鼓励公司的元老持久奋斗，拥有持久的热情。

第三个问题，无法留住有经验的人才。

通常，只要在一家企业工作 5~8 年，就是老员工了。这类员工一般具有几年的从业经验，对企业而言非常宝贵，但也最经不起诱惑，最容易跳槽走人。为了将这些人留住，就要设定必要的留人机制。

（三）缺资源

在现实生活中，总会听到很多企业家慨叹："只要企业再多一点儿资源，就可以引进战略。"现实中，普遍存在这样一种现象：企业的抱负与资源短缺或运营缺陷的错位（或称为不匹配）。面对同样的境况，不同的企业做出了不同的选择。比如，有的企业家怨天尤人、抱怨不止；有的企业家则会借助现有的条件，轻而易举地获得各种资源，把身边各种

游离资源整合到一起，发展壮大自己，实现企业的滚动发展。之所以会有如此差异，关键在于企业能否正确看待自身资源问题与界定自身运营缺陷。

这里的企业资源主要是指在使用过程中具有物质形态的固定资产，包括工厂车间、机器设备、工具器具、生产资料、土地房屋等企业财产。多数固定资产的单位价值较大，使用年限较长、物质形态较强、流动能力较差，其价值多数都能显示出边际收益递减规律的一般特性。而在传统工业中，固定资产是企业资源系统的重要组成部分，是衡量企业实力大小的重要标志。

资源是企业成长的基础，缺少足够的优势资源，企业是很难获得发展的；企业不清楚自己的资源构成，也就作不到知己知彼，根本不可能在竞争中取胜。企业只有了解自己和竞争者的资源构成，才能准确地对各种形势作出判断，从而立于不败之地。因此，要想做好企业的战略管理工作，就要了解企业资源，知道自己的优势和劣势，努力将优势资源聚集在一起。

如果企业缺少必备的资源，遇到任何事情，都需要绞尽脑汁地去筹集。比如，土地、厂房、设备、项目、原材料、技术工人、能源、淡水资源、资金及其他资源不足，会严重制约企业的生产，严重影响企业的未来发展。

企业资源可以分为外部资源和内部资源，这里我们重点说一下内部资源。概括起来，企业的内部资源可以分为以下两类。

1. 有形资源

有形资源主要是指财务资源和实物资源，有形资源是企业经营管理活动的基础，其价值可以用会计方式来计算。

（1）财务资源。财务资源是企业物质要素和非物质要素的货币体现，也就是已经发生的能用会计方式记录在账的、能以货币计量的各种经济资源，包括资金、债权和其他权利。在企业财务资源系统中，最主要的资源是资金。资金既是企业业务能力的经济基础，也是其他资源形成和发展的基础条件。

（2）实物资源。固定资产是企业资源系统的重要组成部分，是衡量企业实力大小的重要标志。主要是指在使用过程中具有物质形态的固定资产，包括工厂车间、机器设备、工具器具、生产资料、土地房屋等。

2. 无形资源

企业的无形资源主要包括时空资源、信息资源、技术资源、品牌资源、文化资源和管理资源等。相对于有形资源，无形资源并没有显著的物质载体，看起来似乎无形，却是支撑企业发展的关键，能为企业带来无可比拟的优势。

（1）时空资源。所谓时间资源（经济时间）是指人类劳动直接或间接开发和利用的自然时间或日历时间。而空间资源（经济空间）是指人类劳动直接改造和利用的、承接现实经济要素运行的自然空间。对于企业来说，时间资源和空间资源都非常重要。

（2）技术资源。技术资源决定着企业的业务成果，广义的技术资源不仅包括直接技术、间接技术、生产工艺技术、设备维修技术、财务管理技术、生产经营的管理技能，还包括市场活动的技能、信息收集和分析技术、市场营销技能、策划技能和谈判推销技能等。

（3）信息资源。信息资源是指客观世界和主观世界一切事物的运动状态、变化方式及其内在含义和效用价值。在企业的资源结构中，信息资源主要发挥着支持和参照作用，具有普遍性、共享性、增值性、可处理性和多效用性等特征。企业的信息资源通常由企业内外部的与企业经营有关的情报资料构成。

（4）品牌资源。由一系列表明企业或企业产品身份的无形因素所组成的资源，就是品牌资源。它可以细分为产品品牌、服务品牌和企业品牌。品牌资源，尤其是成为驰名商标的品牌（又称名牌），决定着企业经营的成败。

（5）文化资源。文化资源由企业形象、企业声誉、企业凝聚力、组织士气、管理风格等一系列具有文化特征的无形因素构成，以一系列社会形象或文化形象的形式存在于评价者心中，与载体有着密切关系。文化资源可以被迁移或兼并到被控股的公司中，企业形象、品牌信誉等还可以从旧产品转移到新产品中。

（6）管理资源。所谓管理资源，就是对企业资源进行有效的整合，达到企业既定目标与责任。主要包括企业管理制度、组织机构和企业管理策略。这种资源是企业众多资源效力发挥的整合剂，直接影响乃至决定着企业资源整体效力的发挥。

◎ 金玉良言 ◎

缺钱，就要努力寻找缺钱的原因；缺人，就要认真探索缺人的原因；缺资源，也要找到相应的缘由。一句话，找到原因，好办事！

二、中小企业发展问题的解决方案

（一）找钱

硅谷为什么能成功？其核心就是："低工资" + 期权。

举个例子，公司刚成立，想要招聘一些能力强的人，却无法支付高年薪，工资比较低。为了提高他们的就职意愿，就可以送公司期权给他们。

所谓期权就是未来的股权，比如公司值 100 万元，你有 5% 的股权，如果要行权，直接交 5 万元即可。但是，现在让员工掏 5 万元，一般都不愿意。他们会想，今天拿出 5 万元钱给公司，如果 3 天后公司倒闭了，这笔钱就白交了。这时候，就可以告诉员工，拥有这 5% 股份，在公司干满 3 年后，如果绩效达标、工作时间达标，就能以 3 年前原始股的价格（5 万元）来买进。如果这时候公司已经值一个亿，5% 就是 500 万元。只要一买进，就可以赚 495 万元，这就是期权。

很多人认为，期权是"公司请客，市场买单"，是未来的一个馅饼，不是今天的馅饼，因此期权有两个关键词：第一个关键词叫"授予"，即将期权送给员工，3年后，员工看到公司发展不错，把属于自己的份额买回来，就叫行权。当然，买回来还没有赚到钱，只有将它卖掉，才能真正赚到钱，这就涉及了第二个关键词，即"套现"。

总之，要想吸引人才，不一定要用工资和奖金，要将期权、联合创始人等激励措施充分利用起来。不过，如果对合伙人很了解，不给期权，也可以直接给股份，但不一定给注册股份。注册股份是公司的最后一张王牌，这种股份只能给少数人中的少数人。

当然，除了以上这种方式，还可以从公司外部寻找资金。从公司外部找钱，正常情况下，有两种思路：一个是借贷，另一个是融资。

1. 借贷

所谓借贷就是向银行借钱。但是，这里存在一个问题，并不是所有的企业都能向银行借到钱，得看公司项目以及能否在约定的时间内把钱还给银行。如果项目风险比较大，银行可能就不会借钱给你。

2. 融资

现实中，贷不到款的企业很多，尤其是科技类公司和各类创业公司。这些企业只能靠融资来解决资金问题。

借贷和融资是两码事。虽然两种方式都是找钱，但过程完全相反。借贷，银行考虑更多的是你什么时候还款、能否按时还款？而融资，投资者看的是项目未来几年内能赚多少钱、投资后多长时间开始赚钱？简言之，投资者就是企业的短期合伙人，投资几年后，拿钱走人，企业跟投资人就没关系了。

（二）找人

当初创业时，雷军确定了一个方向，要做手机。然后，他找了7个朋友。这几个人都在诺基亚、摩托罗拉等上市公司工作过，管理过三四百人。结果，小米公司一成立，就估值5亿元人民币，原因何在？因为这7个人都是顶尖高手。

心态不好，能力不佳，没有使用正确的方法，就无法取得理想的结果。停止招聘，组织就会丧失活力，没有优胜劣汰，没有新陈代谢，看起来似乎可以控制成本，实则成本无效。

怎么招人呢？这里给大家介绍一下：发布招聘广告。

为了招到合适的人才，可以发布一些招聘广告。公司大门口、门店玻璃上、户外广告牌上……招聘广告随处可见。互联网出现后，还出现了很多招聘网站，比如，智联招聘、中华英才网、58同城等，完全可以到那上面发布招聘信息。

春秋战国时期出现了一个诸侯国，即秦国，上任的一个领导叫秦孝公。当时，最强大的诸侯国一共有7个，秦国偏居一隅，非常潦倒。其他诸侯国都看不起秦国，秦孝公上任之后非常痛心，为了振兴秦国，决定招纳贤才。然后，他就打了一篇招聘广告："秦自穆公称霸以来，国事有成，大业有望……之后，献公即位，舆图振兴，连年苦战，饮恨身亡。今孝公即位，七国休与会盟。但有人出长策，出奇计者，与本公共治秦国，共享秦国。"

翻译成现代汉语就是，原来有个领导人叫秦穆公，本来要做春秋五霸，没想到后来的各位储君都不贤德，厉公、躁公、简公、出子四世都昏庸无能，国内动荡，百姓不能安居乐业，同时其他诸侯还虎视眈眈。

他们一共招揽了4个执行官，这几个人却不好好学习，不努力奋斗，只贪图享受，把国家搞得非常混乱。

秦献公即位后，整天只知道陪人吃喝，一直喝到肝硬化去世。他的失败就在于，没有制定中长期战略，只知道奋斗。秦孝公即位后，其他诸侯国已经不与我们会盟，简直就是奇耻大辱。只要能够给出好的计谋，能够制定出好的机制，能够制定出合伙政策，就能与本公一起来治理秦国，共享秦国。

这则广告从秦穆公高祖开始讲起，一直讲到几任领导人，讲到自己的先父，然后痛说国耻。同时，还讲到了自己目前的处境，其他诸侯国不与会盟……此广告一经发出，就引起了轰动，众多人才纷至沓来，最后选中了商鞅。

商鞅进入秦国后，开始实施变法，17年后，秦国成为诸侯国中最强大的；之后，秦国大大小小一共发动了60多次战争，最后一统天下。

为什么秦国能统一天下？这则招聘广告，招揽了众多有识之士。

当然，招聘的时候，直接悬挂这类广告："店面发展，急需两名导购员，初中以上学历，五官端正，眉目清秀，身高不低于一米六……"也显得不严肃。那么，什么样的广告才最有效呢？

举个例子：

一家企业发布过这样的招聘广告："爱是唯一的答案，我们不需要打工者，我们期盼爱心的传递者，我们期盼艰苦拼搏的奋斗者，我们期盼德才兼备的财富的分享者。""××是创业者的锻造场，是老板梦的腾飞地……"

招聘者一看，这家企业不是招打工者，而是招想要实现人生梦想的、改变人生宿命的人，自然也就有了应聘的动力。

由此可见，要想提高招聘广告效果，广告上至少包括以下内容。

第一，一句宣传语。要想吸引人，设定的广告词就不能太多，只需用一句话概括即可。

第二，作职业生涯规划。首先，要按照年龄资历，制订职业生涯规划图，让应聘者不断进步和成长。合伙人不仅是一个分配机制，也是一个发展机制，可以让合伙人获得长足发展。其次，张贴一些员工的工作场景照，让应聘者对工作场域充满兴趣和意愿。

第三，形成一个人才拼图。公司招聘营销总监或经理，应聘者提出的年薪要50万元、100万元，成本太高，公司付不起，怎么办？可以给他们画一幅人才拼图。

德鲁克讲过一句话，"管理不是一份权力，而是一份责任"。同样，股东也不是一份权力，而是一份责任。因而，成为股东和合伙人的时候，要让每个人都意识到自己要为公司付出更大的努力。某人为公司工作了10年，上班依然蹬着一辆自行车，你却向人们介绍，这是我们公司的销售总冠军，人们可能就会说，为公司付出了10年，结局就是如此？因此，要想吸引人才，就要帮合伙人过上更美好的生活，让他们拥有更幸福的人生。

（三）找方向

做企业，首先就要找方向，定战略，然后再去找人才。如果无法解决顾客的问题，不能解决企业的核心问题，即使找了很多合伙人，也是徒劳无功的。

众所周知，要想修筑一堵牢固的院墙，首先要明晰筑墙的范围，把真正属于自己的东西圈进来，把不属于自己的东西舍掉。同样，要想将事情做好做完美，在做事之前，也要有一个清晰的界定：什么能做，什么不能做；接受什么，拒绝什么……做人如此，做企业更要如此。中小企业要想获得长远发展，就要清楚地知道自己适合做什么、不适合做什么，盲目跟风，轻则竹篮打水，重则全军覆没。

◎ **金玉良言** ◎

要想保持公司控股权，就要主动找钱、找人、找方向。明确了这三点，企业的发展也就指日可待了。

三、控股权与控制权的关系如何

股权，是因出资而取得的依法定或公司章程规定而享受的财产权益。简单来说，就是只要给公司投入一定的资金，就能取得一定比例的出资份额，该份额就是你能取得的股权。公司进行股权分配，首先就要处理好"控股权与控制权"的问题。

所谓控股权，就是在分配股权时，必须有一个股东的股权达到相对控股或绝对控股的状态。如果将股权比例设定为100%，超过50%就是相对控股；达到60%以上，就是绝对控股。之所以要让一个股东达到绝对控股或相对控股，主要在于，只有这样，才能出现"老大"，才能对项目拍板。而3个合伙人，每人的股权比例是33.3%；或4个合伙人，每人的股权比例是25%，都无法将一个项目做成。

举个例子：

海底捞成立于1994年，初创时共有4个合伙人，各占25%的股权，后来4人结成两对夫妻，一对是张勇夫妇，另一对是施永宏夫妇，两家人各占50%的股权。

随着企业的发展，股东的能力与股权出现不匹配现象，张勇先后让自己的太太和施永宏的太太离开公司；2007年，施永宏也离开了公司。此外，张勇还以原始出资额的价格，从施永宏夫妇的手中购买了18%的股权，最终张勇夫妇共拥有68%（超过2/3）股权，成了海底捞的绝对控股股东。

最初海底捞的股权比例是50%：50%，创始人意识到这样的股权比例容易阻碍企业发展，便调整了股权结构，从而提升了管理者对于企业的控制权，消除了股权隐患。发现问题后，海底捞立刻解决企业家的经营控制权问题，这一经验值得我们借鉴。

（一）股权和控制权

1. 股权

所谓股权，就是创业者拥有的公司股份与其拥有的相应权益及权力。从广义上来说，股权泛指股东得以向公司主张的各种权利；而狭义的股权仅指股东基于股东资格而享有的、从公司获取经济利益并参与公司经营管理的权利。忽视了股权的问题，企业的发展就会受到影响，因此创始人一定要重视公司的经营权和控制权。

根据股权行使目的的不同，可以把股权分为自益权和共益权。

（1）自益权。自益权是专门为股东自己的利益而行使的权利。比如，股息和红利的分配请求权、剩余财产的分配请求权、新股优先认购权等。

（2）共益权。共益权，是指为股东利益并兼为公司的利益而行使的权利。比如，表决权、请求召集股东会的权利，请求判决股东会决议无效的权利、账簿查阅请求权等。

2.控制权

控制权，是指拥有公司一定比例以上的股份，或通过协议方式，对其实行实际控制的权力，即对公司的一切重大事项拥有实际意义上的决定权。

（二）股权和控制权的关系

有控股权不一定有控制权，但作为创始人来说，取得公司的控制权至关重要。从本质上来说，控制权是建立在控股权基础上的，只有对公司具备控股权，才能控制企业的经营过程。

对于初创企业来说，没人能对企业决策拍板，股东之间就无法达成一致意见，决议通不过，政策不能实施，企业运营就会陷入僵局，不利于企业的发展。

◎ **金玉良言** ◎

控股权和控制权是两个完全不同的概念，有了控股权，不一定有控制权。因此，在进行股权分配后，一定要重视对控制权的掌握。否则，会让企业失了先机。

四、失去公司控制权，终究会是一场空

过去几年，俏江南火热一时，结果引进投资人后，公司却拱手"让"给了投资人。

俏江南是一个时尚餐饮品牌，其以创新的特色菜品、成功的营销模式，大获成功。初期，俏江南是一家纯粹的家族企业，设定了较清晰的股权构架，家族企业凝聚力强，促进了企业的快速发展。为了符合国际化的标准，张兰将俏江南定位为中国风、国际范、简约时尚，耗资 3 亿元人民币成立了兰会所。该会所的成立，让俏江南成功打响了高端餐饮品牌的知名度。

借着这股东风，俏江南门店快速扩张。随着投入的不断加大，资金链出现断裂，为了补足资金，张兰不得不引入国内知名投行鼎晖。

2008 年，俏江南估值为 19 亿元，鼎晖出资 2 亿元人民币，取得俏江南 10.53% 的股份。鼎晖的进入，虽然缓解了资金问题，但也给企业带来了风险。为了预防投资风险，鼎晖和俏江南签下协议，包括"股份回购条款"，协议规定：俏江南必须在 2012 年年底实现上市，否则就要回购鼎晖手中的股份，且每年回报率为 20%。

2011 年 3 月，俏江南向中国证监会提交上市申请，但当时 A 股上市排队的公司达 600 多家，想要上市，遥遥无期。俏江南最终上市失败，触发了股份回购条款。

当时俏江南的经营状况异常不佳，根本拿不出这笔钱。鼎晖启动了"领售权条款"（强制随售权），不仅要转让自己 10.53% 的股份，还要求张兰跟随出售 72.17% 的股份，股份合计 82.7%。

2014 年，鼎晖引入欧洲最大的私募股权基金 CVC，CVC 以 10 亿元人民币收购俏江南 82.7% 的股份。当时，俏江南的经营状况还没有好转，CVC 无法依靠俏江南产生的现金流偿还并购贷款。为了止损，CVC 放弃了俏江南的股权，张兰的股权也被银行接管。银行进驻俏江南，CVC 和张兰从俏江南的董事会中退出。

这个案例告诉我们，创始人要想规避控制权旁落的问题，就应在融资之初进行相应的股权结构设计；引进投资人的时候，更要保证自己的控制权。

假如大股东占 49% 的股份，二股东占 48%，投资人是个小股东，只占 3% 的股份，公司究竟是大股东做主，还是二股东做主？这时候，就要看这 3% 的小股东了。如果小股东跟二股东联手，就变成了 51%，两人就比大股东的股份更高。千万不要小看小股东手上拥有的股份，他跟谁联合，谁就能变成大股东。因此，引进投资人的时候，要让他听你的，不能"变节"，不能背叛。

即使只有公司 1% 的股份，却是公司的实际控制人，是公司最大的股权拥有者，拥有公司 100% 利润的支配权，就能决定利润怎么分。在这方面，做得比较好的当数华为。华为的任正非虽然只有 1.42% 的股份，却拥有绝对的一票否决权。

简言之，企业经营，决策要集中，收益则要分散。所有人都能共享公司收益，但决策太民主，所有事情都商量着来，效率就会非常低下。公司打算向银行借款，8 个股东意见不统一，这个说要借，那个说不借，就无法达成一致，只要有一个人不愿意签字，就无法从银行借到资金。摩拜单车为什么会出问题？就是因为有四家公司拥有一票否决权。每个人都有一票否决权，公司决策会被搞得非常复杂，公司发展就会受挫。

那么，如何才能避免这种情景的出现呢？

这里，教大家几个方法。

方法1：一致行动人。你是乙方，我是甲方，你永远要听我的。我们永远保持一致。

方法2：签署委托表决权。这个问题需要提前解决。即使公司很小，只有三四个人，也要搞顶层设计。因为公司的发展就像盖房子，从小楼盖成大厦，需要打地基，盖到20层时才发现缺少顶层设计，就非常糟糕了，因此需要提前思考这个问题，设计好签署委托表决权。

方法3：章程约定。公司成立时通常都要设定章程，章程共有两个模板，其中一个就是由工商局给的标准模板。可是，该模板并不会对你形成保护，为了保护创始人的利益，就要在章程里做一些约定，甚至设定很多规则。章程中，至少要约定几项权力，比如，转让权、继承权、分红权、议事权等。当然，最重要的是决策权。

这里，涉及几个不同的比例。第一个叫投资比例，投资比例不同于股权比例。第二个叫决策权比例，决策权比例也不同于股权比例，比如，虽然我只有7%的股份，却拥有公司80%的决策权。第三个是分红比例不一致。

◎ **金玉良言** ◎

不管你在公司拥有多少股权,只要失去控制权,就无法掌控公司的运作,就会令公司举步维艰。所以,为了让公司能够按照自己的意愿发展下去,你就要掌握公司的控制权。

第二章 "五行"合伙人

万物互联的时代,只有将不同的个体连接起来,大家齐心协力,才能取得最佳的结果。合伙,是新时代企业发展的必经之路。为了更好地分权,就要选择合适的合伙人。

公司发展的最高境界是资本盈利,而要想让企业获得长远发展,就要关注人才,积极引进资金,赋能同行,将上下游的关系变成一种盟约,并给顾客带来最大的利益。用五行的逻辑演绎,也能诠释出不同的含义。

一、公司发展的最高境界——资本盈利

公司发展到一定阶段的时候,就会进入资本盈利的境界。一旦进入资本盈利的状态,企业思考最多的问题就是如何将公司卖出去?

贝索斯创办了亚马逊公司,到目前为止,亚马逊虽然不太赚钱,但现金流非常充沛。原因何在?其实,亚马逊并不是靠卖产品赚钱的,而是在

资本市场中发展成了一家非常值钱的公司。有人给贝索斯算了一笔账，如果他现在离婚，把300亿美元分掉，他依然是世界首富。因为贝索斯做了一个现金流模型，认为公司不是靠利润赚钱的，而是靠现金流，现金流大于利润。

海尔的张瑞敏设立了一个财务报表，既不叫资产负债表，也不叫损益表，而叫作生态盈利报表，就是用跟关联方产生的所有收益，减去成本。现在，该理念已经获得了哈佛大学的认同，被纳入全球研究，可以预见，企业的整个盈利模型必将发生全面变化。

卖掉公司的过程虽然不轻松，但回报率却是巨大的。所以，如果确实决定卖出自己的公司，务必先搞清楚以下五件事。

1. 买家不会为了"潜力"多付钱

不要一厢情愿地认为，自家公司是一座潜力无限的"金矿"，可以卖出高价。如果一门生意仅停留在理念层面，没有已经证实的收入流，多数潜在买家会认为它是没有任何价值的。买家想重新打造自己的业务，启动资源众多，根本就不用花钱去买一家刚起步的公司，直接收购一家已经成功的公司更好。

2. 买家感兴趣的是利润，不是收入

买家不会被公司的收入数据所打动，收入可能听起来很美好，但归根结底，真正重要的还是公司利润。

3. 可检验的财务声明符合买家预期

为了证明自己拥有一笔特定来源的收入，就要拿出证据。比如，要出售广告位时,准备好发票和能显示相应收款的银行对账单。如果企业的收入来自会员服务或第三方广告网络,还要准备好收款记录,甚至在线登录公司账户,让双方都能看到账户上的实时情况。

4. 不要活在过去

出售时,公司过往的辉煌历史没有多大意义,尤其是它身陷困境时。买家感兴趣的是公司近期的表现和未来的可持续性与生存能力,特别是当你的公司处于一个不断变化的领域时(比如互联网),买方不会对你的公司进行修补,更不会为此支付溢价。买方喜欢看到不断上升的收入和利润数据,如果你的公司一直在稳定增长,就要大胆地将过去的成绩展示出来。如果能够根据之前的业绩制订可行的未来规划,就更能吸引买家的注意力了。

5. 诚实是最有效的策略

在任何商业交易中,诚实都是最有效的策略,转让公司也不例外。跟买家接触,一开始就要将所有的事情说清楚。从一开始便能作到诚实透明,就能大幅降低买家在尽职调查时发现事实不准确或被夸大的概率,从而有效地降低或避免交易失败的风险。

◎ 金玉良言 ◎

公司发展到一定阶段,就会进入资本盈利的境界。进入资本的状态,企业思考最多的问题就是如何将公司卖出去?卖掉公司这件事会带来很多问题,要提前作好相应的准备,不论它们听起来有多么简单。

二、"五行"合伙人

下面,从"五行"方面对合伙人进行阐述。

"土":将人才变成合伙人

先举个例子。

现在,茶叶连锁门店的日子不太好过,有个景区的一家茶叶店每日的进店顾客不到10人,高昂的租金让茶叶店举步维艰。那么,茶叶连锁门店的发展出路在哪里?

第一条路,把顾客变成创客。每家茶叶店都有近千名老客户,完全可以建立一个线上商城,把老客户转化成线上数据,使客户无限裂变。然后,将各导购员身上的存量客户延伸出粉丝客户,无限介绍客户,建立创客分利制度,获取更多的流量。

第二条路,把同行变成同盟。当门店能够实现盈利时,可以将这种模型复制到成千上万的茶企,我有系统、有管理、有体系,你有资源、有门店、有客户群,互相合作,就能实现双赢,双方皆大欢喜。

第三条路,把员工变成股东和经营者。将员工变成股东和经营者,就可以把员工的积极性调动起来,产生增量业绩、增量分红,真正把店长变成店主,变成主人翁。

其实，这三个维度分别是"水""木""土"。进行深度建设，产生全新的三股力量，就能扭转企业的命运。

这里，我们先说一下"土"。

所谓"土"，就是企业的根基和人才。企业领导要思考的是：如何才能将人才变成合伙人；如何才能让打工者转变对自我身份的认知，变成真正的创业者。

有人问过笔者这样一个问题：做企业，围绕在老板身边的是一帮打工者好，还是一帮创业者、联合创始人好？我认为是后者。只有将员工变成创业者，改变他们的身份，才能提高他们的自我价值，唤醒他们的成就感、斗志、创业热情和激情。

为了将人才留住，可以使用的方法不外乎以下几个：

第一个方法是投资投心。

所谓投心，就是从心出发，用心对待员工，多站在他们的立场思考问题，多给他们关怀与帮助，得到员工的心理认同。麦肯锡为什么能成为全球最知名的咨询公司？原因就在于：麦肯锡的精神是"公平"，员工升迁完全靠功绩，根据员工的能力或功劳来进行升迁和奖惩，没有歪门邪道，只有公平。

麦肯锡将人才分为五级：第一级——分析员，第二级——咨询顾问，第三级——项目经理，第四级——董事合伙人，第五级——全球董事资深合伙人。一般来说，分析员至少是MBA；咨询顾问，不仅是MBA，还要具备多年工作经验，通常只有一半的人能升上去。

麦肯锡将人才素质分为四个维度：第一个是解决问题，第二个是沟通，第三个是领导潜能，第四个是团队精神。在每个能力下，还有二三十项细分标准，这些细则非常清楚，能让员工知道自己的差距在哪里，应该往哪个方向发展和完善。

麦肯锡的使命是：为客户带来出众的、实质性的、永续性的绩效增长；建立一家能够吸引、培养、鼓舞和留住杰出人才的伟大公司。正因如此，麦肯锡才成了一家既能为客户提供服务又能让员工快乐工作的公司。

第二个方法是延迟支付。

所谓延迟支付，就是给员工分红，不能一次性分完，最好分两批或多批；当然，也可以一次性分完，但不一定是年终就分，可以选在3月或4月。举个例子，茅理翔在宁波慈溪创立了方太公司，年营业额高达80亿元人民币。虽然宁波只是一个二线城市，却诞生了一流企业，销售额甚至超过了西门子。而且，茅老先生的家族传承做得很好，把企业交给下一代，将企业发扬光大。

公司年营业额高达80亿元，净利润约有10亿元，为了鼓励员工，公司会拿出10%给员工分红，约1亿元，只要工作满2年的员工都能分到这笔钱。公司一共有5000名员工，工作2年以上的至少有3000人。分钱时间的选择，既不是按年，也不是按月，因为该企业所处行业是制造业，更看重人员的稳定性，所以第一个时间会选在第二年的端午节发放；而招聘的黄金时节一般是3月至4月，要想得到分红，必然会错过最佳的找工作时间；而要想跳槽，就会错过分红。第二个时间是9月28日，为什么要选在这个时间？因为茅先生非常尊重孔子，甚至还专门设立了孔子学堂，而9月28日是孔子的诞辰。

举个例子，如果员工2018年工作结束，很想拿到自己的分红，但也不能着急，要等到2019年的端午节。端午节过完，就是6月，这时候他可能就会想，只要再坚持两个月，又能拿到第二笔分红。过完国庆节又想，今年都快过完了，索性再坚持一下，过完2019年再说。2019年春节一过，则会想，自己只要再接着工作几个月，又可以拿到分红了……如此操作，一辈子都走不了，这叫作周而复始。这就是分红的一个周期，也就是所谓的延迟支付。

还有一个方法，叫"631分配法"。意思就是，给员工分红时，第一年给60%，第二年给30%，第三年给10%。当然，这个"631"是建立在资金足够的基础上的，手边资金不足，就不能搞"631"了。

第三个方法叫竞业限制。

要想留住有能力的人才，最好跟他签署一份竞业限制协议。有家企业手机卖得非常好，笔者在他们企业做顾问。企业老板很不错，员工想要车或房子，他就会立刻去买，分发给需要的员工；如果员工主动离职，就需要将车款和房款全部退回来。有一个公司高管，离职的时候开走一辆保时捷，结果花了4年，才把这笔钱还上。但如果是公司将你辞掉，那就另当别论了。

这位老板做事看起来挺狠，但我觉得他做事的方法也有一些可取之处。只不过有些夸张的是，如果房子增值了，连增值的部分都要退回来。

比如，当初给员工买房共花了100万元，后来房价上涨，变成200万元，那么员工离开时就要退还200万元。

世界是由善意和力量构成的，做企业家，光有善意还不行，还要有力量。因为你不仅会遇到好人，还可能遇到恶人，所以要提前约定，要制定规则，要做好竞业限制。也就是说，假如你今天跟优秀员工签合约，除了劳动合同外，还要签三份合约，一份是保密协议，不能泄密；另一份叫作知识产权，还有一份是竞业限制。

"金"：引入资金，低风险创业

根据五行的规律，土生金，如果企业中到处都是高手和人才，资金很容易就能引进来。

背后支持者决定着你事业最终能做到多大、多强。因此，一定要有自己的资金合伙人和智囊团。

小公司靠老板，大公司靠团队，超级公司靠智囊团。公司能不能做大，关键看智囊团够不够强。综观现在的商业巨头，哪家不是有一个传奇智囊团在支撑？

史玉柱团队曾经20个月没发工资，现在那些成员已经是总裁级别，身价上亿元。

有一次，笔者为一家外贸公司作股权宣导。

第一个计划是"同心圆"计划，外贸行业遭遇严峻挑战，员工减薪20%，而减掉的薪水将作为每个人的虚拟股认购，可以5倍的价值来认购公司的股权，也就是说，减薪1万元，可以获得5万元的股份。这是笔者作股权宣导，有史以来最艰难的一次，因为涉及减薪，属于强制跟投。员工感到很不爽，笔者尽可能将气氛变得轻松幽默些，同时告知大家这样就成了公司主人，成了公司老板，成了公司经营者。

第二个计划是成就共享计划，跟核心管理者谈投资入股的事情，半价入股，买一送一。前面在减薪，后面又让员工拿钱入股，宣导时，觉得很有挑战性。不过，在一对一沟通的时候，员工还是感受到了中高管的不容易：有的遇到了资金问题，有的遇到了绩效问题，当然本质核心还是信任感的问题。

企业推行合伙制，一开始变革是最难的，只有及时兑现承诺，及时分红，才能让员工树立起信心和信念。什么是领导人？就是在茫茫黑夜中能够发出一点微光，带领团队成员继续前行的人！

资金合伙人，就是要有人开始给你投资。要想公司做大做强，就要积极引进资金，着手打造最佳智囊团！

"木"：赋能同行，无限游戏

"木"就是同行。跟同行联合，就能将对手转变为战友。

为什么仅一根鸭脖子，就能开出1万家店，成就一家上市公司？绝味鸭脖的成功首先在于，加盟的门槛很低，每年只要交4000~8000元的管理费，3年以后还可免管理费，平均16个月就能回本。

绝味鸭脖的成功来自三大系统：

第一，加盟商的管理系统。加盟商有一个特别的组织叫作"加委会"，有全国级的、区域级的、省级的、市级的。该"加委会"由加盟商组成，类似于业主委员会，不仅能塑造加盟商的企业家精神，还能避免内部的矛盾和冲突；更可以及时收集加盟商的需求，平衡跟总部之间的关系，起到更好的支持、连接和推动作用。

第二，信息和供应链系统非常强大，冷链管理非常出色，并不是简单地做鸭脖，更是在做轻美食。

第三，建立自己的商学院体系，构建了人才培养系统。

绝味的直营收入比例非常少，约为5%，更多的是拓展无限资源，加盟商成了甩手掌柜。杠杆资产被成功撬动，产生了无限的力量。

有一句话叫"独木不成林"，仅靠一个人，很难将事情办成，要想成功，就要想办法将同行联合起来。

有个品牌便利店叫7-Eleven，2020年在日本本土有20988家门店，这些店都是跟别人合作开的。所以，7-Eleven并不是超市，它是餐厅，为食客提供早餐、中餐和晚餐；它也不是餐厅，而是一个生活便利站，可以取钱，可以接收快递；它也不是便利站，其实是一家培训公司，专门教你怎么开超市……结果，如今7-Eleven已经在亚洲其他地区开店约36000家，在美国、加拿大和墨西哥等地区约有11800家，有8000名员工。这8000人，每人都会辅导约5家门店，称之为FC，即经营指导顾问。如今，7-Eleven已经关联了170家企业，但是这些企业都不是自己做，而是跟别人合作。

7-Eleven 是轻资产，只提供智囊团，教你怎么开超市。当然企业一定要注意"黑天鹅"，就是突发事件。比如，餐饮行业，如果有人因为吃猪肉而闹出了人命，生意就会一落千丈，因此企业一定要具备"反脆弱"的能力。

什么叫作"反脆弱"？举个例子，一个铁球掉到地上不会动，一个玻璃球掉到地上会摔碎，但是一个皮球掉到地上会弹起来，能够在不确定性的事件中受益即为"反脆弱"。7-Eleven 辅导别人开超市，如果超市成功运作起来了，它就能分红；没做成，它也没有任何损失。这是一种低风险创业。也就是说，创业绝对不能高风险。

前不久笔者去成都，一个同学找到我，说为了做酒店，已经抵押了自家的两套房产，贷款 1000 多万元，结果生意依然不行，现在该抵押什么？笔者给出的意见是，创业资金不够，既不能卖老婆的首饰，也不能抵押，更不能卖房，一定要尽可能地降低风险，学会融资和众筹，尽量吸引外部资源。

现实中，多数企业或行业会有很多竞争对手。竞争对手之间互相竞争，争抢客源，争夺人才，争取技术，甚至为了发展，互相厮杀。竞争的结果，往往是两败俱伤，客户记住的都是双方的不好。

可是，宝马没说奔驰不好，肯德基没说麦当劳不好，他们都懂得相互成全，因为他们知道，与其不懈竞争，还不如相互合作。

早上，一个圆通快递员来送快递，还带了两个韵达快递。询问之后，圆通快递员告诉用户，他跟这个片区的韵达快递员合作，他送 1~3 号楼，韵达快递员送 4~6 号楼。两人每天的送件时间可以节约一半，大家都轻松。以往，早上8点装货出门，送到12点后，饭都来不及吃；现在不到11点就能送完，中午吃完饭还能去送两趟外卖。

不得不说，这种合作达到了新高度。与其相互抢客源、抢单，还不如合作，大家快点送完，节约出来的时间去送外卖赚钱。

如今，很多企业陷入了一种惯性思维，为了占领市场，总想把对手打败。其实，完全可以选择跟对手合作，把市场吃透，再去抢占其他市场，获得更多的生意，赚更多的钱！

"火"：把上下游关系从契约变成盟约

木生火，就是把上游跟下游从过去的契约关系、买卖关系变成一种联盟关系。举个例子：

有家门店打算跟供应商采购，为了融洽关系，晚上请供应商喝酒吃饭。双方聊得非常开心，供应商原本定的衣服价格是100元，最终定为80元。请问，供应商一觉醒来，会不会觉得昨天晚上喝多了？他不仅不会认账，可能还会想，自己有点亏了。所以，跟供应商进货，其实就是一种博弈，是一种我赢你输的过程，门店的进价越低，供应商赚得就越少。正确的做法应该是，让门店跟供应商赚的钱有关系，这就是一种盟约关系。

市场形势好的时候，企业通常都会将焦点放在市场扩张、业绩增长上；当市场形势不好的时候，就要思考：如何团结更多的人来搭建企业的底层动力系统。

链家地产在海外上市，市值超过 500 亿美元，彻底颠覆了地产这个行业。创始人左总的座右铭是："做难而正确的事情！"在中国无数的房地产中介中，链家为什么能够产生上万家的体量？

第一，创始人开放的心智。链家把自己的房源公开，其他中介也能卖，只要卖掉房子，就计算佣金。这种做法闻所未闻，开行业之先河。

第二，多方利益分享。把 B 端零和博弈改变为多赢博弈，开启了 ACN 行业的合作机制。采用该合作机制，链家将经纪人的工作分为 10 个角色（房源方 5 个，客源方 5 个）：在销售房子的过程中，涉及房源登记者、资料保管者、带客看房人、客源成交人、客源合作人等角色。在这个模型中，每个人都能挣到钱，且能满足多方需求，产生多种价值。

第三，符合时代发展需要。在中国，每个行业都有着巨大的消费升级机会，都存在服务升级、服务转型和服务改善的可能。当今时代，企业服务的完成必须依靠线上，链家意识到这一点，就在线上引流，在线上服务，并为用户提供真实房源。

这种开放式创新，其实就是一种契约式的盟约。通过股权整合上下游，主要有三种模式。

第一种，通过股权横向平行合作。

通过主体公司跟上下游合资打造一个新公司，让上下游在共有平台上合作。比如，百丽先打造了新的上市主体，再把原来的生产工厂收过来。

第二种，通过股权进行区域性合作。

在全国各省成立销售公司和经销商，针对一些区域或产品成立合资公司，所有销售都从一个平台出去，不仅便于和经销商的业务往来，也能为经销商设立一个平台担保公司。这种区域性合作，风险比较小，即使失败了，范围区域也很小，不会对全局产生太大的影响。

第三种，直接持有主体公司的股份。

规模小的经销商和供应商，可以根据业绩贡献，直接拿到主体公司的股份。前期股份一般是虚拟股，比如期权，贡献越大，销量越好。持有公司的股份越多，经销商、供应商和主体公司就越能建立一种更加牢靠的合作关系。

相对而言，第一种方式会带来更大的风险，对主体公司的损伤小；第二种、第三种方式合作比较保险。

"水"：施利及人，顾客变创客

金生水，水是从顾客到创客，要想办法将用户变成合伙人，甚至让他们顺便帮你介绍一两个顾客。这种裂变速度非常惊人，不要小看你的顾客，因为顾客背后有无限的资源。

所谓用户合伙人，就是将顾客转变为创客。过去，企业想的是怎么赚顾客的钱；今天想的是怎么把企业的钱放进顾客口袋里，而这才是一种更高深的思维。

事实证明，一个顾客带来的裂变资源很可能比全公司销售员带来的顾客还要多。

乔吉拉德是"世界上最伟大的销售员"，但 95% 的顾客都不是乔吉拉德自己开发出来的，而是由顾客转介绍而来。乔吉拉德坚持"250 法则"，认为每个顾客背后都有 250 个顾客。在当时的年代，没有微信，没有互联网，没有小程序，没有 App，顾客转介绍还不太方便，乔吉拉德却能做出如此成绩。如今顾客只要帮你发个朋友圈，发个抖音，就能扩大影响力，更有利于转介绍。

二三十年前，华为打算将自己的通信设备卖给移动和电信。当时，他的产品品质比不上爱立信，采购量不太大，就成立了战略合作部，跟电信合作，成立了合资公司，电信如果要采购产品，就直接跟他采购。这是华为的一个思维，即施利及人、换位思考。

背后有多人支持，企业倒闭的可能性就微乎其微。因为看到企业要倒的时候，支持者就会将企业扶起来。其实，企业运营就是要活得长一点，不要倒，自然也就成了行业老大。

◎ **金玉良言** ◎

遵照"金木水火土"的要义，吸纳人才、引入资金，赋能同行，契约联盟，施利及人，才能增强团队的力量，才能促进企业的发展。

第三章　多种合伙方式，总有一种适合你

选合伙人难于选伴侣！万物互联的时代，可以采取的合伙方式有很多种。比如，创业合伙人、裂变合伙人、跨界合伙人、动态合伙人……只有找到真正适合自己的，才能取得最佳的合伙效果。

一、万物为你所用，通过连接拥有无限的资源

出生于20世纪七八十年代的人，小时候喝过一种饮料，叫健力宝。当时，该饮料火爆一时，但是喝着喝着就买不到了，为什么？因为企业倒闭了，健力宝被收购兼并。自己辛苦奋斗多年，产品赢得了用户，最后居然变得一穷二白，着实让人惊叹。

企业发展之路，是一条不断迎接挑战的道路。在这条道路上，需要转变思维，积极思考，千万不要让自己的努力白费。如今，中小微企业的出路只有四个字，叫"认知升级"。也就是说，要想创业成功，首先就要转变认知思维。

从基本上说，企业的边界就是创始人的认知边界和思维边界。无法突破认知思维，就只能原地打转。那么，如何对认知进行深度思考的转变呢？这里就涉及一个合伙盈利的定义。

从传统意义上来说，所谓的合伙盈利就是通过股权激励或利润分享激活团队积极性，产生全新的精神面貌和生产力，激活人，留住人，实现绩效的增长。可是，这个定义还不完整、不全面，更加偏向于股权激励，偏向于内部。老板最常犯的致命错误就是，只做股权激励，不做合伙设计。但多数中小微企业员工的资源非常有限，无论采取哪种激励方法，都无法取得理想的效果，因此必须做合伙设计，把外部资源变成合伙人；另外，还要重视外部的无限资源。链家地产是中国地产中介业的头部企业，佣金高达三个点，但要求也非常高。2019年，链家地产做了一个贝壳品牌，然后开始做加盟、做连锁，结果仅用了半年，就在中国开了1万家门店。外部资源连接的重要性由此可见一斑。

有句话叫作"连接胜过拥有，协同胜过分享"，就是说，要通过连接，通过协同，创造无限的资源。

日本软银集团孙正义先生有一个关门弟子，是个印度人，开办了一家酒店叫OYO，目前通过连锁加盟，已经在中国五、六、七线甚至八线城市开设了酒店。这些城市也有开设酒店的需求，OYO已经开了5000家酒店，这5000家酒店都是别人开的，但挂的牌子叫OYO。

假如一家酒店的加盟费是1万元，OYO就能轻松进账2000万元。当然，一家酒店不止交1万元。背后的逻辑就是，要注意外部的无限资源。

由此可以断定，最大的资金一定在外部，最好的人才一定在其他公司上班，要努力将外部人才融进来，跟你共成事业，因此合伙盈利的新定义，在互联网时代，就是要整合与企业相关的所有关联方，融合内外部无限资源，从伙伴到高管，从投资人到上下游，从顾客到同行，从资源到众生……万物为你所用，实现倍速增长。

投资人、上下游、顾客、同行、资源、众生等统统都可以成为你的合伙人。基于这种态度、认知和高度，你的状态、想法、思维就会发生完全不同的变化。

所谓企业合作，就是不同企业通过协议或其他联合方式共同开发产品或市场，共享利益，以获取整体优势。通过合作，各方才能利用整体优势，把蛋糕做大。同时，各方也能从中获得较多的收益。

通过合作，不同企业可以联手，利用各自的优势，共同开拓市场。记住，企业之间不合作，单靠自己的力量，是无法开拓新领域的。

（一）企业互联的原因

企业合作的原因有很多，但最终目的都是获取单个企业无法达到的协同效应。但总的来说，合作的动机可以归纳为以下几个。

1. 资源需要互补

为了获得需要的资源，为了取得长期绩效，企业必须与自己所处的环境进行交换，必须与外部各种实体之间相互依赖，比如，供应商、竞争者、顾客、政府部门，甚至是与企业相关的外部实体。只有与其他组织合作，企业才能增强控制关键资源的能力，获取先进技术和稀缺资源，实现关键资源的优势互补。

2. 核心能力要加强

核心能力能够从战略上将企业与其他企业区分开来，能够让企业具备竞争对手不具备的显著优势，这种竞争优势具备价值性、稀缺性、不完全可模仿性、不可替代性等，同时产生高于市场平均水平的利润。企业不可能也没必要在每个方面都做到最好，只要集中力量提高自我核心能力，把自己不擅长的、不重要的活动交给其他企业去完成，就能降低成本，提高效率，实现长期的合作。

3. 企业战略需要选择

企业建立战略伙伴关系的目的，是提高自己的竞争能力或市场营销能力，而不仅仅局限于某种资源需求或交易成本，战略合作选择的范围更广泛。因此，与其他组织合作，自然也就成了企业战略选择的需要。

4. 需要相互学习

只有与其他企业合作，企业才能获得新的学习机会，才能获取新的技术和技能，并通过自身创新和发现，提高自身优势，优化学习曲线，达到企业发展和壮大的目的。

5. 需要完善制度

制度环境和社会规范会给企业造成巨大的压力，企业必须向社会规范的方向努力，只有找到合作伙伴，才能获得别人的信任以及资源，提高规范化、制度化的能力，才能得到关键资源和经验，使自己的声誉、社会价值与环境相吻合。

6.需要加强关系

企业的关键资源可能在组织的边界之外，比如，特定关系资产、共同拥有的知识、互补的资源和能力、有效的管理机制、合作关系的设定，只有加强合作，才能形成新的竞争优势，才有利于协同发展和提高生产率，才能构建超强的关系，才能提高获取经验和资源的能力，这样竞争对手才难以模仿。

（二）企业合作方式

企业合作，是指不同企业通过协议或其他方式共同开发产品或市场，共享利益，获取整体优势。那么，企业间的合作方式究竟有哪几种？概括起来，有以下几种。

1.合作网络

合作网络是企业和经济组织间相互依赖的互动关系，这种互动是通过组织间的彼此协调来完成的。企业都有自己的局限性，利用合作网络，借助网络获得资源，就能克服自身局限，实现经营目标。例如，生鲜行业中的农村专业合作社和生鲜企业之间的合作，就属于这种类型。

2.战略联盟

为了完成某种战略目的，两家或两家以上企业通过契约形成一种合作关系，就是战略联盟。战略合作对象可能是企业实体，也可能是竞争对手。

3.供需链合作

从本质上来说，供应链就是企业与其原料来源到产品终端所有的企业关系网链。从长远来看，供应链中关联企业之间的合作是有利的，但要处理好利益分配等问题。

4. 业务外包

明确了自身的核心竞争优势，企业就能将内部智能和资源集中在具有核心竞争优势的活动上；然后，将其他活动外包给最好的专业公司。这种方式就是业务外包。

5. 虚拟企业或集团企业

这两种组织都是将资源进行整合，将核心竞争力强的不同企业进行连接，只不过，前者是一种开放式的组织形式，后者是相对封闭的组织团体。

◎ 金玉良言 ◎

万物互联时代，只有将多方人员或事物联系起来，才能取得最大的效益；通过连接，让不同的资源和资本整合，企业才能得到长远的发展。

二、选择适合自己的合伙方式

（一）创业合伙人

合伙，不是捆绑员工，而是成就员工；不是融资，而是成就员工的梦想。

我曾在众道房产做合伙人的落地。当天上午的主要工作是生成方案，下午则对激励对象进行调研。我们花费一个半小时，召开了宣导会；又花费一个半小时进行了一对一的告知（股数和相关需求的告知）。

首先，进行方案的整体设计，设计进入、退出、定价、定量等方案；在退出机制中，我们进行了突破，即2年以后按照本金1.5倍减去分红退出。也就是说，3~4年后，如果员工分红超过本金的1.5倍，就不用交纳退出费用了，但要求他必须在企业持续奋斗。

同时，我们还做出了合伙人的"十大权益"，比如，合伙人可以享受保底分红收益，可以享受孝道基金2000元，可以享受建议权和话语权，可以享受优先购房权等。

确定方案后，我们还进行了一对一的沟通，了解激励对象的入股意愿，以及对公司的信赖感。

在宣导会上，我们告诉了他们合伙人的价值、合伙人的进退机制、合伙人的分红逻辑等，鼓励大家众志成城，共创伟业。同时，告诉他们每个人的股数、股价及实际投资入股的时间，时间以10天为限，以及接下来要举行的合伙人授予大会。还告知合伙人，这并不仅是合伙人，更是一份荣耀，意味着你成了公司的联合创始人，更是一份辉煌的履历。

合伙，如此简单！

拥有创业合伙人，有三五个人跟你一起奋斗，你就有了左膀右臂，遇到困难和挫折，也不用独自承担。这时候，他们就是最好的营销、最好的财务、最好的市场、最好的研发。

1.选择合作人的原则

创业时到底该选择怎样的合伙人，创业选择合伙人的原则究竟有哪些？

（1）重诺守信。合伙创业，重诺守信是对合伙人最起码的道德要求，也是最为基本的要求。如果对方连最起码的商业道德和做人的道德都不讲，那么一定不要合作。为什么重诺守信如此重要呢？因为堡垒最容易从内部攻破。

合伙人了解企业内部的所有情况，包括技术秘密、经营网络、人员档案，再加上个人拥有较多的权力，如果居心不良、另有所图或不守承诺，就会危机重重。另外，在合作过程中，对方的人品如何，你总有看清的一天，如果他是一个不守信用、不讲信誉的人，甚至是一个品质有问题的人，你肯定不愿意继续跟他合作下去，只能解除合作关系。如此，你的资金、人员、关系、精力等都要遭受不必要的损失，甚至让你元气大伤，即使重新开始，也会困难重重，所以在一开始选择的时候，就要擦亮眼睛。

（2）志同道合。合伙创业，彼此之间最直接的认同就是志同道合。这里的所谓"志同"就是，创业的目标、动机或梦想是一致的，比如，都是为了赚钱，都是为了出名，都是为了实现人生理想。而所谓的"道合"就是，合伙人的经营思路和经营策略基本一致，懂得求同存异，矛盾不太大。

不同的人创业目的不会完全相同，而不同的动机和目标会导致经营战略和思路以及经营方法都不相同。公司的未来发展究竟如何，发挥决定作用的是目的和动机。所以，遇到问题时，一定要跟合伙人沟通，让对方了解你的创业目的和动机。比如，你们是想办一家百年老店，还是只想尽快收回成本……动机和目的不同，经营思路和经营方法等也会不同。需要注意的是，创业初期，你们的经营目标可能只是一个朦胧的意识；当企业发展到一定程度，尤其是发展得比较顺利、规模不断地扩大时，创业目标就一定要明晰起来，不能稀里糊涂。

（3）优势互补。"金无足赤，人无完人。"每个人都有自己的长处，也有自己的劣势。这也是选择合伙人的重要原因。你有你的优点，也有你的缺点，合伙人也是一样，问题在于你和合伙人的优点和缺点能否互补。你在某一方面有所欠缺，比如，做事冲动，如果合伙人跟你完全相同，最好不要合作；如果他考虑问题比较周密，正好能弥补你的缺点，你们的合作才会相得益彰，创业成功的概率才能大很多。人和人的合作就像一架机器，机器的运转，需要很多零部件的密切配合；优秀的合作结构，不仅能使合伙人的能力得到充分发挥，还会产生一种新的力量。所谓整体之和大于部分的简单相加，说的就是这个道理。合作，不仅能使各自的能力得到最大限度的发挥，还能产生更大的力量，使各自的能力得到延伸、放大和强化。记住，要想合作成功，就要寻找才能和背景不完全相同但配合默契的人。

（4）德才兼备。选择人才一定要德才兼备，全面衡量，不能只看其中一点。人们常说"有德无才是庸人，有才无德是小人"。所以，如果对方能力很强，但人品不好，也不要跟他合作；同样，如果对方人品不错，但能力欠缺，也不是合作的最佳人选。

2. 远离最不靠谱的合伙人

前期创业的时候，一旦出现资金准备不足、环境恶劣等问题，就有必要选择创业合伙人。但选择创业合伙人也是一个技术活,选择的人员不靠谱,多半会导致创业失败。那么,哪些人最不靠谱、最不适合做创业合伙人呢?

(1)按部就班的人。这类人一般都喜欢按时领取工资,享受医疗保险,每天晚上7点准时回家和家人共进晚餐。这样的人一般都无法独自经营企业,需要你一个指令、一个动作地教他如何去做;同时,如果你的投资计划无法在最短的时间里产生效益,他就会重新找工作。记住,这种人很难成为合作伙伴。

(2)凡事追求完美的人。有些人追求完美,就连确定产品的官方发布日期,都要一丝不苟,否则他就无法工作。为了让自己的商业计划书尽善尽美,他们会研究竞争对手,设立行业案例研究。他们虽然也希望新企业能立刻步入正轨,但内心深处总有个地方觉得还不对劲,会在接下来的几周内对同事、朋友和家人发一份详细调查,进一步充实理念。可是,手头现成的好计划比明天的完美计划更有用,要尽量避开这类完美主义者,找些行动力强、干劲十足的人。

(3)同学或挚友。某晚大家一起在酒吧寻欢作乐时,同伴突然被一道灵感砸中,立刻找张餐巾纸记下来,然后请同学帮他"把这个变成现实"。这种人一般喜欢吹嘘自己的伟大创意,会指点你如何具体操作,但问题是:他很快就要离开本地。跟这种人合作,遇到问题的时候,你只能打电话给他;分享利润的时候,他却会主动给你打电话。记住,永远不要为了一半的回报而承担全部风险,合作创意投入生产前,要确定合伙人能否长期参与。

（4）喜欢捣鼓小玩意儿的人。这种人一般觉得创造出的小玩意儿能发展成为10亿美元规模的生意，他们喜欢用两小时来给投资者讲解自己的小玩意儿，迷信做商业决策是靠直觉。虽然不理解"盈利"这个词，但认为自己有必要将公司所有的投资收益都用在研发上。可是，优秀的学者不一定是优秀的商人，最好不要跟这种人合伙创业，可以跟他们进行技术授权合作或建立战略合作关系。

（5）自以为永远正确的人。自以为永远正确者喜欢告诉你，他永远不会错；他们最喜欢的口头语是"听我的，准没错"。他们几乎不会跟别人讨论自己的决策制定过程，因为他们觉得这样做显示不出自己的水平。他们喜欢贬低持反对意见的合伙人，背着他们作出决策；只怪别人，认为自己没有任何责任。可是，交流是合作成功的关键，你需要的是合作者而不是独裁者，没有人是永远正确的。

（6）总出现私人问题的人。这种人总会遇到很多不幸，比如，公司在大型会议上做主题演讲，他儿子要去拔智齿；他也想参加下周的股东大会，但那天恰巧要去法院打离婚官司，分身无术。不幸的是，他还付不起律师费，这个月必须从公司预支部分工资……遇到这种人，要像躲瘟疫一样，能躲多远就躲多远。你是准备创业，不是做他人的保姆或心理医生。因此，签约前，一定要调查清楚合伙人的底细，比如，经营、政治、家庭生活、经济状况等。如果潜在合伙人看起来有问题，就要立刻掉头。

（7）花钱大手大脚的人。喜欢大手大脚花钱的人一般喜欢六位数年薪、豪华办公室，以及私人雪茄机。为了讨好顾客，他们不惜投入过多花费，坐头等舱飞来飞去也不心疼；有些花钱大手大脚者还会邀请你去参加他的奢华晚宴，反正都是由公司买单。可是，公司的钱不是取之不竭、用之不尽的，合伙人用钱要谨慎小心一些，提高责任意识，要把每一分钱都花在公司的发展和开发上，不能用来丰富自己的私人生活。这种人，不适合成为合作对象。

（8）喜欢 CEO 头衔的人。这种人与别人见面，30 秒内就会宣布自己是个 CEO，即使他的公司还不如印名片的那张纸值钱。他们喜欢参加鸡尾酒会，喜欢用美妙的花体字签名，喜欢在顾客目之所及的咖啡桌上整齐地叠起一打名车杂志，但不喜欢动手工作。可是，企业的成功依靠的不是名号、夸夸其谈和花架子，要尽量躲开那些自私自利、任性妄为、光说不做的人。

（二）裂变合伙人

有一次，笔者去一家餐饮连锁企业作深度咨询。为了形成一个深度的动力机制，我们是这样做的。

首先，从基层员工开始，设计未来之星计划。基层员工每个月扣 1000 元，到年底就可以获得 10% 的利息，亦称为投资理财计划。如此，就能增加员工的稳定性，员工至少要干到年底。这笔钱可以连续存 3 年，按 10% 的利息计算，就能获得 39600 元 [$1000 \times 12 \times (1+10\%) \times 3=39600$]。如果不把钱拿走，且已经晋升到店长或厨师长岗位，将获得入股门店 5%

股份的机会，同时，36000 元直接升级为 4 万元，将会获得第一笔入股基金。（每个月存 1000 元，连存 3 年，没有利息就是 36000 元，算上利息要 4 万多元了。）

采用这种方法，好处如下：第一，让员工清楚自己的职业生涯通道；第二，帮助伙伴拥有了投资入股的钱，基层员工原本是存不下钱的；第三，员工有了改变命运的机会，只要成为店长或厨师长，就能获得入股 5% 的机会，假如一家店投资 180 万元，5 个点就是 9 万元，做得好，当年就可以收回投资。如果店长培养出店长，厨师长培养出厨师长，还可以制订人才裂变的股权增持计划。

所谓裂变合伙人，就是如果有新项目和创业机会，一定要让他跟你一起裂变。再举个例子。

有个宁波同学做汽车配件生产，最近一汽给了他一个新项目，他不想自己投资，就在公司内部招募，说你们有没有人想跟我一起创业？结果一些老员工愿意，且还愿意投钱……这种状态就叫裂变。

众所周知，自然界有一种动物叫海星，只要将它的腿敲断，又会长出一只新海星，然后该海星还能不断地裂变。所以要多孵化些企业，这就叫裂变。

目前，在腾讯，投资股份超过 10% 的企业已经超过 1000 家，所以腾讯有一个口号叫"把半条命交给合作伙伴"。这也叫裂变合伙人。

企业要想活 100 年非常不容易，员工如何才能裂变呢？首先要有激情。沃伦·巴菲特说过：40 多年来，我每天都在穿着踢踏舞鞋跳踢踏舞，从来没工作过一天。洛克菲勒说,我的一生就像一个漫长的假期。研究发现,全世界只要在某个领域取得大成绩的人,都非常热爱自己的事业。那么,如何唤醒员工的工作激情呢?

1. 要改变员工的态度

身份决定着一个人的态度,也就是信念和价值观。比如,妈妈很怕走夜路,但敢为了孩子走夜路,甚至敢为了孩子与歹徒搏斗。之所以会出现这种改变,是因为妈妈的身份发生了改变。身份决定态度,态度决定能力,所以要想改变员工的能力,先要改变他们的态度。

再如,一个人之所以要学习开车,就是因为相信自己能学会,然后觉得开车很重要。这个态度就是由他的身份决定的,比如,他是一家之主,是一个企业主,是驾驶员……所以,要想改变一个人,先不要改变他的能力,要改变他的态度。

任正非刚创业时,父亲任摩逊告诉他,既然要创业,就要像古代的晋商学习,年底时拿出部分利润跟大家一起分享。所以,任正非有一句口号:"什么叫作人才?钱给多了,就是人才。"不给钱,人才如何诞生?钱给得多了,即使是普通员工,也能变成人才。

2. 要帮员工进行职业生涯规划

职业生涯规划是一项技术性很强的工作,没有专业人士的指导和帮助,员工缺乏规划所需的工具和信息,就无法知道怎样开展规划。因此,企业是否意识到其在员工职业生涯规划中的作用,并给予相应的帮助,是员工职业生涯成功的关键。

（1）明确公司发展规划。职业生涯开发与管理有两个基本条件，一是企业长远发展规划，二是个人有职业发展的愿望。要想帮助员工设计职业生涯，先明确其发展规划。企业规划与员工生涯规划的关系不会直接体现在企业未来的销售额、利润上，而是在企业未来的组织结构状况、新增职位情况、企业文化建设、公司的用人制度等方面上。

（2）提供职业生涯规划工具与指导。客观分析"我是谁"，是职业生涯规划的前提。让员工分析自我的目的在于：找出自己的兴趣与特长；确定职业方向；明确职业定位；分析自身的职业锚；明确自己工作和生活的重心所在。企业要运用多种分析手段和方法，对员工进行初步的分析判断和职业规划，不能只凭感觉规划，不能只关注员工的结果，要根据员工的行为表现、思想动态，提出建议与指导，帮员工真实客观地评价自己。

（3）建立多阶梯的职业生涯模式。员工在组织中职业发展道路中可能的运动方向，可分为横向和纵向两种。横向运动指的是一种跨越职能边界的调动，即岗位轮换或调整；纵向运动是向上的，即沿着组织等级层系跨越等级边界，获得职务的晋升。当员工在纵向上因知识、能力等原因难以继续向上跨越时，可以安排横向的职业机遇，也就是"轮岗"。

（4）制定基于生涯规划的培训体系。基于生涯规划的培训，将企业需求与个人需求结合起来，就能全方位提升员工的综合素质，满足企业的长远发展需求，真正体现"以人为本"的用人理念。因此，公司要知道每一位员工的需求，适时提供相应的帮助与指导。

（三）跨界合伙人

跨界合伙人的意思就是，把上下游联合起来，不只做自己行业的生意，还要做上游和下游的生意，实现无限连接。

2019 年，中华老字号马应龙开始跨界卖口红，还一口气推出了 3 款颜色。该口红系列是马应龙继眼霜、护肤品之后再一次推出非药类产品。其实，不只是马应龙，很多企业都迈出了跨界的步伐。

"国民奶糖"品牌大白兔进军彩妆市场，从润唇膏到香水，跨界之路越走越广；

老字号品牌冷酸灵携手火锅品牌小龙坎，跨界推出火锅牙膏，引得网友纷纷在社交平台上交流牙膏使用体验；

"国民花露水"——六神，与锐澳合作推出了六神花露水风味鸡尾酒，十分抢手。

当然，除了这些老品牌，新企业也不甘示弱。比如，美团外卖深耕出行领域、小米研发生产"巨能写"中性笔等。

如今，几乎所有的行业都在主动接受"跨界"洗礼。那么，企业为什么如此钟情跨界？

首先，借由跨界开拓新赛道，进入新的成长区，不仅能增加企业的厚度，降低"把鸡蛋放在同一个篮子里"的风险，还可以为企业在一段时间内提供传播热点。在传播日趋碎片化的当下，效果往往比单纯广告要好很多。

其次，从消费端来看，年轻群体日渐成为消费主力，企业需要通过转型、创新、升级等实现匹配，这种趋势比较明显。

跨界经营，企业不仅能在市场竞争中选择更多的产品类型，支配资金，抗击外来的冲击力；还能够满足消费者不断多元化的需求，提高忠诚度，提升品牌价值。

那么，企业该如何完美实现跨界发展呢？

1. 注重关联性

所谓隔行如隔山，跨界经营遇到的最大问题就是对新从事行业的不熟悉。品牌跨界并不是简单的复制和嫁接，而是要立足于对目标消费群共性需求的深刻理解。企业跨界可以分为四类：同心多元化经营、水平多元化经营、垂直多元化经营、整体多元化经营。将上下游领域融会贯通，形成行业内互为依托的生态系统，不仅能创新产品和服务来填补市场空白，还能挖掘商业潜力股，延伸品牌实力，为新领域保驾护航。

2. 优强主业，多元发展

企业要确定一个属于自己的主要行业，你的主业在哪里，你的主要资源就在哪里，你的主要能力在哪里。企业要发展，务必稳固主业，并不断优化与强大。只有从自身优势出发，发挥优势资源，坚持相关多元、适度多元的发展战略，企业才能培育辅业，进行资本运作，连横合纵，实现跨越式发展。

3. 把握时机

传统企业跨界进入朝阳产业，并不是转型的重要时机。对任何一个企业来说，都没有成功案例可以去复制。资源是有限的，只能捕捉有限的机会，盲目收购企业，盲目上新项目，只能让企业陷入机会的陷阱而无法自拔。

（四）动态合伙人

要将股权从静态设计变成动态设计，要抓住四个关键词。

第一个，有进有出，既要有进入的股东，也要有退出的要求和标准。

第二个，有增有减，股数可以多，也可以少，奋斗者多、懈怠者少。

第三个，有大有小，事业经营单元，要根据能力来进行匹配。

第四个，有赚有赔。任何经营单元，不可能只赚不赔，要让大家努力奋斗，胸有成竹。

所谓动态，就是某人今天是合伙人，如果明天没完成公司目标，合伙人的资格就会被取消。

有个同学三年前跟笔者学股改，然后对企业高层、中层、基层全部作了股改，每年他都要对最终结果进行检核。检核通常包括两个方面：一方面是业绩，即制定了合伙人机制，做完股改和激励后，业绩有没有改变？另一方面是态度，即员工的工作面貌、精神的状态有没有发生变化？ 如果业绩跟态度没有发生变化，就说明合伙人制度是无效的。

伙伴小尤向公司交了 7 万元，占公司 5% 的股份。公司设定了对赌机制，如果今年的目标没有完成，这 7 万元公司会原封不动地退回，但是没有分红；如果愿意享受分红，首先就要明确一个本年度业绩完成的目标。

小尤想拼一下。想到自己去年做了 50 万元，他就给自己确定了一个吓人的目标——90万元，相当于增长80%。小尤非常拼命，经过不懈的努力，最终完成100万元的业务目标，获得14万元分红，皆大欢喜。

业绩目标从50万元变成100万元，这就叫作动态合伙人。动态合伙人，以目标为导向。那么，如果员工不想投钱，怎么办？

举个例子，大资塑料，怎么划分小经营单元呢？为了提高员工的责任意识，公司打算把9个车间进行拆分，把每个车间都变成一个独立工厂，让厂长、工程师等投资，成为该分厂或独立项目运营单元的合伙人和股东。可是，这些人都很犹豫，他们觉得老板是缺钱了，不愿意掏钱，更不想被忽悠。

为了让这些工人主动掏钱，笔者建议企业，划分小经营单元，独立核算，让核心骨干投资，以岗定标，提高效率。各车间自负盈亏，独立核算，提高了小经营单元的积极性，经过一番努力，公司业绩从7000多万元增长到3亿元，现在已经成了中国这个领域的第一名，设立了14家分厂。老板每天的工作就是喝茶、喝咖啡，然后让所有人去奋斗。

没制定好游戏规则，一切皆是虚幻，只有制定好游戏规则，才能让所有人焕发革命斗志，而这也是企业发展的根本所在。

员工不想投钱，可以采用下面几种方式。

1. 实在没有，直接借

如果员工实在没钱买，公司可以借给他，之后从工资里扣除。笔者有个做服装的同学甘总，曾经跟我们一起去德国游学。那天在法兰克福街头，我们一起吃午饭。甘总给我们讲了一件事。

他大约有 50 家服装店，想做股改，给店长入股 20%，便跟店长讲了两句掏心窝子的话，第一句话是"我要改变大家的宿命"，也就是说，你们不再是打工仔了，要变成老板了；第二句话是"我要为你们修一条通天的路"。店长听了，很激动。

他向店长承诺，今年只要完成目标，明年就能追加 30% 的投资；后年完成目标，再追加 40% 的投资……只要努力，店长完全可以变成店主。听了甘总的话，店长浑身上下充满了力量，纷纷喊自己的老公、父母来免费帮忙。结果，一家店净利润从 50 万元增长到 110 万元，增幅高达 120%；一家店业绩从 300 万元增长到 486 万元，增幅为 62%。

2. 考虑人才裂变

制度不是一成不变的，要不断优化升级；股权数量是动态的，不仅要对内部员工进行动态激励，还要将外部资源联合起来，打造一片生态系统，实现人才裂变。

3. 树立一个标杆

老板让一个骨干投了 2 万元，承诺说，今年分红不会低于 50%。这个骨干投了 2 万元，分了 1 万元，就为其他员工树立了标杆。看到这一幕，团队其他成员就会相信老板。

4. 兑现大于承诺

商鞅立木建信是战国时期发生在秦国国都的一件事。故事的大概是：商鞅打算变法，已经制定了条令，还没公布，为了让人们相信，商鞅命人在都城市场南门前放置了一根高三丈的木头，贴出告示说："只要能将该木头搬到北门，就能得十金。"百姓们将信将疑，没人敢搬。商鞅又说："五十金！"之后，一个年轻人将木头搬到了相应位置，果然得到五十金。百姓开始相信商鞅，法令得以实施。既然答应了人家，就要主动兑现，不要天天喊口号。笔者有个同学在安徽投资了一个地产项目，几个股东一起运作了9年，一毛钱都没分过，股东很生气。前段时间他搞活动，想让笔者去，这些股东都打电话给笔者，让笔者不要去。这就是失信的后果。

5. 保底收益

不用保太多，8个点、10个点即可。但只保第一年，因为第一年大家都没信心，没有建立起信任，可以适当地保低点。

动态合伙有一个深度模型。该深度模型在数量、方向和时间等方向上进行了如下几个维度的设计。

1. 进入不能没有标准

进入的时候，不能只靠拍脑袋，一定要进行深度设计。比如，跟工龄比起来，级别更重要；跟级别比起来，绩效更重要；跟绩效比起来，能力更重要；跟能力比起来，岗位更重要……比如，行政岗位、销售岗位和财务岗位，分的比例不能都一样，只有分得科学而精准，大家才会觉得来之不易，才能珍惜。不设定进入标准，很容易搞成"大锅饭"，非常危险。

2. 退出不能没有约定

退出的时候，不知道退多少钱，如何退出？为了解决这个问题，就要做深度设计和思考：赚钱的时候怎么退、亏损的时候怎么退、违规的时候怎么退、表现很出色的时候怎么退？

3. 权利不能没说明

要提前说明：有没有分红权、转让权、表决权和知情权。一起合作的时候，大家都会觉得彼此是兄弟，要同心同德，结果后来是同床异梦，然后就是同室操戈，最终同归于尽。所以，一定要事先把相关的游戏规则列清楚，也就是我们常说的契约精神。

4. 不能动态无调整

中国有一句古话"人挪活，树挪死"，所以一定要做动态调整，要让每个人都能在这个过程中不断地变化，在变化中找到价值感和使命感。

◎ **金玉良言** ◎

合伙人为什么散伙？

第一，没找对人，心胸、人品、能力等都不是你能寄托和追求的。所托非人，将是虚幻。

第二，没规定合伙制度，只注重注册股，只注重原始出资，忽略了动态分配。

第三，有些合伙人跟不上公司发展的步伐，依然想分钱，最终只能分道扬镳。

第四，合伙人价值观不一致，甲想要发展，乙却想安逸；甲想要专业聚焦，乙想要多元化；甲正直诚信，乙却中饱私囊；甲想任人唯贤，乙却想任人唯亲。这样的合作，都无法长久。

第四章　股权分配方法（一）让公司变得有价值

股权分配的最终目标，是让公司变得更有价值。选用适合自己的估值模型，才能在股权结构中占据有利地位，比如：市净率、净利润、市销率、市场占有率、商誉估值、市梦率等。

一、传统的估值模型

（一）市净率

齐装网是一家互联网公司，先生勇敢智慧、锐意进取，夫人坚忍美丽，伉俪携手，夫妻俩一起将公司做到了近亿元的规模，员工400多人，当数业界翘楚。

基于创始人的重托，笔者对他们的员工实施股权设计和激励。首先，对公司进行估值，约为1亿元。员工入股时可以打折，且折扣很低，核心团队喜出望外。可是，在刚开始的时候，依然出现了很多不和谐的声音，大家都觉得股权没什么用；经过了一对一的调研和交流、缜密的方案设计，又经过宣导大会，大家才开始接受和认同，最后8位核心合伙人全部投资入股。

在运用"九定法则"和"七大规则"时，我们进行了很多深入思考。其中，激励的额度分三期来进行行权，经过这种滚动性的释放，使核心团队更加具有奋斗的意愿和动力。召开合伙人授予大会时，大家在台上一起合影、一起相拥，那份纯粹、那份感动，令我无比心醉。

何为市净率？比如，公司有土地、有厂房、有设备，就是有资产的，公司就值钱。但是，一些公司没有资产，比如，以人为驱动的公司，通常没资产。举个例子，匠言培训公司就没资产，资产是人，每天早上上班、晚上回家。旅游行业也没资产，虽然也有做旅游地产的，但那是有地产，如果是旅行社，就没资产。但是，这种企业也值钱。这时候，该怎么评估？

市净率的计算公式为：

$$市净率（PB）= 企业股权价值 \div 净资产$$
$$= 股价（P）\div 每股净资产（B）$$

在实际计算中，通常都以最新股价作为公式的分子，以最新财务报告的每股净资产作为分母。

跟利润指标比起来，净资产受周期波动的影响更小，更加稳定，可比性也更强。但在使用市净率时，也有不少问题需要注意：

（1）市净率以企业账面资产价值为基础，忽略了资产创造盈利的能力高低对股权价值的影响。投资的目的是获取收益，资产的账面价值并不是关键，资产创造盈利的能力才是决定投资价值的关键。

（2）企业账面净资产采用历史成本核算，与资产的真实价值相差很远。

（3）账面净资产无法反映企业运用财务杠杆的水平。

（4）账面净资产受企业会计制度影响较大，不同企业之间的可比性较差。

因此，使用市净率时，要多考虑实际情况，具体问题具体分析。

（二）净利润

公司是有利润的，也是有估值的，或叫市盈率、苹果树法则。

所谓苹果树法则，就是你的苹果树今年能结多少苹果？果树的年数越多，每年收获的苹果就越多，苹果树就越值钱。那么，该苹果树通常的倍数是多少呢？一般来说，引进投资人，是5~10倍；新三板，大概是20倍；如果是主板上市公司，就更厉害了，比如创业板、中小板，包括A股，平均约50倍，有些甚至高达70倍、80倍、100倍，通常50倍是比较正常的。

如今，股市又出现了一个科创板，被誉为中国的纳斯达克，不需要营业额，不需要利润，不需要现金流，就可以上市。2019年8月刚上市了中国第一批科创板的公司，有一家公司估值是170倍。

一家公司要想活50年，非常不容易；活170年，就更不容易了。现在500强企业的平均寿命是10~12年，科创板的企业活170年，相当于一上市就把170年所要赚的钱提前全部收回去了。这也是无数公司打破头也要上市的原因。当然，上市也无法解决管理问题，只是万里征程第一步，还有很长的路要走，需要持久精进，这就叫净利润的倍数。

1. 市盈率的计算公式

静态P/E = 股价 ÷ 上一年度的每股收益（EPS）（年）

动态P/E = 股价 × 总股本 ÷ 今年或下一年度的净利润

市盈率是一个反映市场对公司收益预期的相对指标，使用市盈率指标要从两个相对角度出发：一是该公司的预期市盈率（或动态市盈率）和历史市盈率（或静态市盈率）的相对变化；二是该公司市盈率和行业平均市盈率相比。如果某上市公司市盈率高于之前年度市盈率或行业平均市盈率，市场预计该公司未来盈利就会上升；反之，市场预计该公司未来盈利会下降。所以，市盈率高低要相对地看待，并非高市盈率不好，低市盈率就好。

2. 每股净利润的确定方法

（1）全面摊薄法。具体公式为：

每股净利润 = 全年净利润 ÷ 发行后总股本（用年末的股数计算，不取平均数）

（2）加权平均法。就是以公开发行股份在市场上流通的时间作为权数，用净利润除以发行前总股本加权，得出的发行后总股本，得出每股净利润。发行在外普通股加权平均数，按下列公式计算：

发行在外普通股加权平均数＝期初发行在外普通股股数＋当期新发行普通股股数 × 已发行时间 ÷ 报告期时间—当期回购普通股股数 × 已回购时间 ÷ 报告期时间

3. P/E 估值法的逻辑

逻辑上，绝对合理股价的公式为：P=EPS × P/E

股价取决于 EPS 与合理 P/E 值的积。在其他条件保持不变的情况下，EPS 预估成长率越高，合理 P/E 值就越高，绝对合理股价就会出现上涨；高 EPS 成长股享有高的合理 P/E，低成长股享有低的合理 P/E。因此，当 EPS 实际成长率低于预期时（被乘数变小），合理 P/E 值就会下降（乘数变小）；乘数效应下的双重打击小，股价就会出现重挫。因此，当公司实际成长率高于或低于预期时，股价往往会出现暴涨或暴跌，就是 P/E 估值法的乘数效应在起作用。

4. P/E 估值法的优缺点

（1）P/E 估值法的优点。

①计算 P/E 所需的数据容易获得，简单易行，运用了近期的盈利估计，一般比较准确，参照比较广泛。

②P/E 指标能够直接将资产的买价与资产目前的收益水平有机联系起来。

（2）P/E 估值法的缺点。

①收益比例敏感性高。在收益表中，利润是最终的计算结果，因此收益比例对会计政策的敏感性非常高。

②忽视了公司的风险，如高债务杠杆。对于同样的 P/E，使用高债务杠杆得到的 E，与毫无债务杠杆得到的 E 是截然不同的。

③市盈率无法顾及远期盈利，很难对周期性及亏损企业进行估值。

④P/E 估值忽视了摊销折旧、资本开支等维持公司运转的重要资金项目。

⑤收益乘数没有明确地将未来增长的成本考虑在内，正常情况下，高速增长的公司的收益乘数会更高一些。

5. P/E 估值法的适用性

（1）P/E 估值法的适用：

P/E 估值法主要用在目前的收益状况可以代表未来的收益及其发展趋势的条件下。

①周期性较弱企业，如公共服务业，因其盈利相对稳定。

②公司/行业/股市比较相当有用（公司/竞争对手、公司/行业、公司/股市、行业/股市）。

（2）P/E 估值法的不适用：

①周期性较强的企业，比如制造业、服务业。

②每股收益为负的公司。

③房地产等项目性较强的公司。

④银行、保险和其他流动资产比例高的公司。

⑤难以寻找可比性很强的公司。

⑥多元化经营比较普遍、产业转型频繁的公司。

一般来说，市盈率法比较适合价值型企业，企业价值的高低主要取决于预期增长率。只有收益出现较高的预期增长，才能使用较高的市盈率值。对于经营状况稳定的企业，平均市盈率的说服力就比较强。

◎ 金玉良言 ◎

净资产受周期波动的影响更小，更加稳定，可比性也更强。企业使用市净率，要多考虑实际情况，具体问题具体分析。

市净率（PB）等于企业股权价值与净资产的比值，也等于上市公司的股价与每股净资产的比值，反映了投资者为了获得企业的股权，愿意付出多少倍净资产的代价。

二、新时代的估值模型

（一）市销率

有些企业是做互联网的，在网上销售商品，既没有资产，也没有净利润，为何还能生存下来？比如，京东，前两年每年几乎都要亏20亿元人民币，但人家依然感到幸福。关键就在于市销率。

所谓市销率，就是根据销售额的倍数来估值，即使没有利润，也有销售额，这个倍数一般是营业额的2~3倍。按照销售额来估值，销售额越高，市场影响力越大，即使公司利润不高，但只要拥有很多客户，市场影响力也不小，这就叫作市销率。

我有个同学是卖茶叶的，有一次跟我说联合利华要收购他的企业，怎么估值呢？我的回答是公司利润不高，资产也没什么，但营业额还不错，用营业额的倍数来估值，最划算。

市销率也可以理解为企业的总市值除以总销售额，其核心是销售额。

从企业管理角度来看，销售额代表的是企业的经营状态和发展规模，即企业从经营上来看究竟是什么样的。该指标不仅注重企业的发展变化，更能让投资者从生意角度来看待企业。

市销率更看重销售规模，是通过衡量企业产品的销售规模来对企业进行估值。如果企业的市销率低，为获得销售收入而支付的成本就低；如果市销率高，需要支付的成本就高。换句话说，市销率越低，企业的投资价值越大；市销率越高，企业的投资价值就越小。

对一家企业来说，只要销售收入足够大，净利率的细微变化就会引起利润的大幅波动。市销率越低，销售收入越多，企业的价值也就越大。比如：如果企业的未来长期销售收入增长率为15%~20%，公司平均税后利润率超过5%，市销率为0.75或更低，企业就能引起投资者的关注。

市销率适用于对以销售业务为主且销售成本率较低的企业或者较为稳

定的服务业企业进行估值，尤其适用于尚处于亏损或微利状态但市场份额较大的企业。

比如，电商企业、游戏企业、云计算企业或教育、金融等专业咨询服务类企业，这些企业拥有广大的用户数量、强有力的客户黏性和广阔的市场空间等，对于它们来说，短时间内是否盈利并不重要，重要的是抢占市场、扩大客户群体，为未来的盈利奠定基础。

这种方法专门针对具备竞争优势的市场份额进行定价，采用的是市销率进行企业估值最硬核的内在逻辑。

（二）市场占有率

所谓市场占有率，就是你的用户数是值钱的，我的公司却没有用户数。

举个例子。有些互联网企业，没有资产，没有利润，销售也不高，但注册了10万会员，这些会员就很值钱。根据投行界的标准，会员入会交纳200元，假如你有10万会员，公司就值2000万元。

新经济被称为指数型组织，指数就是平方级增长，它是一个指数型增长，所有指数型增长都有一个最重要的特点，就是产品是信息化的。对于樊登读书会来说，10万人听，跟100万人听，成本不会增加10倍，只需要多几台电脑和服务器即可，因为它的产品是信息化的。

用户决定商业模式。如今，各行各业都在争夺用户和客户，用户已经对商业模式的本质进行了重构，用户数量决定着商业模式有多强。所有商业模式的核心就是扩大用户数量，只要用户数量足够多，事业就能变得水到渠成。

市场份额又称市场占有率,在很大程度上反映了企业的竞争地位和盈利能力。

市场份额具有两个方面的特性:数量和质量。

市场份额数量是市场份额的大小,有两类表示方法:一类是用企业销售额占总体市场销售额的百分比表示;另一类是用企业销售额占竞争者销售额的百分比表示。

市场份额质量是指市场份额的含金量,是市场份额能够给企业带来的利益总和。这种利益除了现金收入,还包括无形资产增值所形成的收入。

(三)商誉估值法

什么叫商誉呢?简言之,就是你的品牌。在这个世界上,品牌的寿命最长。今天很多瑞士手表公司已经倒闭,但欧莱雅、欧米茄等品牌还在,品牌很值钱。

我有一个同学,在四川内江当地开了一个卤菜店,主要销售卤猪耳朵。

她在当地有一定的口碑,如今已经在当地加盟了40多家店,一家加盟店收10万元,40家就是400万元,而且她还可以供应原材料。

所以,要想让自己的品牌值钱,就要做到像爱马仕、LV等品牌一样。你在当地是一个区域品牌,也可以估值,这就叫商誉估值,也叫品牌变现。也就是说,你的系统,你的管理,你的体系,你多年积累的口碑,都是值钱的,这叫商誉估值法。

品牌价值是一种无形价值,无形价值永远都大于有形价值,你的无形价值也很值钱。所以，大家要思考的是，如何才能建设好自己的商誉和品牌。

在交易价格的构成中，商誉占比很大，有时甚至占据合并成本的80%以上。具备商誉的企业通常都拥有优越的地理位置、良好的产品服务信誉、一流的管理团队、悠久的历史或先进的生产技术等，盈利能力远超行业平均收益水平。

目前，商誉价值评估通常采用两种方法：割差法和超额收益法。割差法是基于会计上商誉的"总计价账户"理论，公式如下：

商誉价值 = 企业整体资产评估值—各类有形资产的评估值和各单项可确指无形资产的评估值。或者，商誉价值 = 企业总体价值—企业可辨认净资产的公允价值。

超额收益法是因商誉价值来源于其优越性和独占性，与其价值形成过程所耗费的成本费用没有直接因果关系，与其未来能够带来的超额收益密切相关。因此，评估时，商誉价值就可以用未来超额收益的现值来计算。

国际上，通行的资产评估方法主要为：成本途径、市场途径和收益途径，对商誉的评估同样沿用了这三种方法。

1. 成本途径

成本途径是从企业创立商标、形成商誉的各种成本和费用入手，计算其现时条件下的重置完全成本，再减去各种损耗（主要是各种经济损耗）

估算出商誉的价值。

商誉的价值是由劳动创造的，但其价值却与投入成本并无直接的对应关系。人们判断一家企业的商誉有没有价值、有多少价值，看重的并不是成本，而是能否创造效益。采用成本途径时，要估计再创造目标商誉无形资产的构成要素所需要的现行成本。最常用的成本途径通常称为要素构成法。第一步，罗列构成目标商誉的各个要素；第二步，估算再创造各要素所需的成本。

2. 市场途径

市场途径有两种常用方法：（1）用目标企业实际成交的收购价格，减去有形资产和其他可确认无形资产价值。（2）以实际的指导性销售交易为基础，评估商誉价值。商誉类无形资产几乎不会同其他资产完全分离而单独出售。因此，指导性销售交易通常涉及的是持续经营企业或专业机构。在此类交易资料中，销售价格在商誉和其他资产之间进行分配是公开的。

3. 收益途径

收益途径是通过预期商标商誉能带来的未来的超额收益，进行折现后确定为现时价值。

商誉的评估价值取决于其使用价值，即生存、竞争、发展、获利等能力。能被市场承认，商誉才有真正价值，这也是收益途径的出发点。

商誉的价值与其形成过程中所投入的成本缺乏直接的联系，这取决于它们所能带来的未来超过同行业一般水平的超额收益，因而对商誉的评估，较多采用的是收益途径。

（四）成本估值法

一位同学跟我说，老师，我既没资产，也没利润。我说，有营业额吗？

他说，没有。

我说，那你就不值钱了。

他说，老师，你能不能帮我想一想，我还有没有值钱的策略和可能性？

我想了想，发现他还有机会，问他要干什么？他说，我准备做一个App，雇一些员工。

我说，大概要花多少钱？他说，100万元。

我说，这100万元是不是要用在公司？他说，对。

我说，这100万元就是你的成本。你准备出让多少股份？

他说，准备出让10%的股份。

其实，别人给你的企业投资100万元，拿10%的股份，这种估值方法就叫成本估值法。这笔钱不是给你的，是用来创业的，是企业下一步的运营成本。可见，如果没有资产、利润和营业额，就要看看：你的成本多少？你愿意出让多少股份？

这就是成本估值法，尤其适合创业型企业或刚运作不久的企业。成本法主要有账面价值法、重置成本法和清算价格法。

第一，账面价值法，是基于会计的历史成本原则，以企业账面净资产为计算依据，确认目标企业价值。

第二，重置成本法，是以目标企业各项资产的重置成本为计算依据，确认目标企业价值。

第三，清算价格法，是出售企业所有的部门和全部固定资产所得到的收入，扣除企业的应付债务。

（五）市梦率

所谓市梦率就是，我什么都没有，但是我有一个梦想。这时候，就可以谈谈你的梦想。

乘坐地铁，看到很多人玩手机、在上网，完全可以做个网站，让人们都上网，你就可以在里面放一些广告，跟广告商收钱。这种方法叫双边收入法，谷歌就是这样做的。在谷歌，搜索免费，只跟广告商收钱，到目前为止，95%的收入来自广告。

梦想很值钱，这就叫市梦率。

评估一个商业点子时，要考虑以下三个标准。

1.能够在商业上取得成功

你可能非常喜欢做一些事，它们也非常适合你的才能和兴趣，甚至还能带给你极大的满足感和成就感。但是，如果你不能通过它们来赚钱，就只能当作爱好了。

2.能够达到金融需求和目标

每个人的资金状况都不同，创业的目的也不同，有的可能是养家糊口，有的可能是想挣更多的钱提高收入水平。因此，选择一个行业时，要牢记你的金融需求，无论你感兴趣的领域是什么。

3. 能够达到个人需求和目标

不同的人也有不同的个人需求：一个人正在抚养孩子，需要的是灵活的工作时间安排；另一个人也许愿意一天 24 小时随时待命，使他的梦想成真。因此，在选择一个行业的时候，要分析、研究一下在某个事业上需要投入多少时间，并确保它与你生活中的其他需求不冲突。

◎ 金玉良言 ◎

市销率越低，企业的投资价值越大；市销率越高，企业的投资价值越小。

市场占有率，在很大程度上反映了企业的竞争地位和盈利能力。市场份额具有两个方面的特性：数量和质量。

具备商誉的企业，通常都拥有优越的地理位置、良好的产品服务信誉、一流的管理团队、悠久的历史或先进的生产技术等，盈利能力远超行业平均收益水平。

成本估值，尤其适合创业型企业，或刚运作不久的企业，主要有账面价值法、重置成本法和清算价格法。

第五章　股权分配方法（二）制订商业计划书

想要控制公司股权，就要让其他股东看到你的真正实力。用商业计划书，将自己的势、事、人、河、钱等一一描述出来，使他人对你或你的公司有一个清晰的认识。

一、势：你做的事情是不是大势所趋

要想将商业计划书做好，首先就要重视"势"。

所谓"势"，就是介绍你所做的事情是不是大势所趋，不管是做大健康、大美容，还是做人工智能，都要顺势而为。比如，现在的旅游业，就是一个势。因为现在人们非常关注出行，都愿意出去消费，衣食住行等费用也在不断增长，这就叫"势"。设计商业计划书同样需要顺势而为，首先要将市场描绘清楚，将前方的美景描绘清楚。

市场描述主要包括以下内容：不含竞争的客观市场现状、需求程度、目标客户、目标市场、市场规模、未来趋向及其状态、影响因素、简明预测等。创业者应从范围、定位、数据等方面对项目做精准的市场分析，切莫以大说小。

1. 精准

市场是现实存在的，但要想占有、实现，还需要具备一定的条件，不顾自身条件，乐观地分析市场，并不能让他人信服，应清楚地描述项目所处行业的规模及增速，阐述行业痛点，解释清楚如何解决问题，明确切入点。

2. 可行

为了确保合作方利益，降低合作风险，企业不能轻描淡写地处理市场竞争分析，应有的放矢地对待已有的竞争者，提出防范未来竞争者进入的对策。

3. 保守

商业计划书的收益预测部分一般都含有极大的"水分"，对收益进行预测时，不能简单地用行业总量数据乘以一个比例，比如，理想中的市场占有率。因为市场实际情况要受到众多因素的影响，分析数据与实际操作往往都存在一定的差距。

对于多数企业来说，在最开始的 3 年内一般都能实现收入或利润的大幅增长。计划书中有关收益的部分，最需要严谨求实，如果没有确实的数据支持你的预计收益，就要以谨慎、保守为宜。

◎ **金玉良言** ◎

所谓势，就是介绍你所做的事情是不是大势所趋，是不是顺势而为。

比如，旅游业就是一个"势"，顺应了现状：人们非常关注出行，都愿意出去消费，衣食住行等费用也在不断增长。做事情要顺势而为，设计商业计划书，首先要将市场描绘清楚，将前方的美景描绘清楚。

二、事：你要做什么事

所谓"事"，就是你要做什么事情，要做什么项目，要为社会解决什么问题。

扎克伯格说，每个创业者都是为了解决社会问题而存在的。想想看，你要为这个世界解决什么问题呢？

当年，两个人在伦敦街头挥手打车，等了半天都没打到，他们想，要是发一个信息，就能来一辆车该多好啊。回到美国后，他们研发出一个软件，叫Uber，结果在全球未上市公司中获得了最高估值。

为社会解决的问题越大，成就也就越大，所以究竟要为社会解决一个什么样的问题，也就成了值得我们认真思考的问题。

奋斗，首先是思想层面的奋斗。

1. 发现自己的卖点

你究竟要为顾客解决一个什么问题？海底捞因为服务才脱颖而出，格力因为品质才脱颖而出，星巴克因为氛围才脱颖而出。想想看，你的独特卖点是什么？

2.增加时间的选择

为什么保险公司、银行都是世界五百强？因为只要跟客户签约，就会持续二三十年，增加了时间的选择。

◎ 金玉良言 ◎

在商业计划书中要明确：你要做什么事情，要做什么项目，要为社会解决什么问题？为社会解决的问题越多，成就也就越大。

三、人：你有什么人

所谓"人"，就是你有什么样的人？有没有高手？有没有左膀右臂？腾讯有五大天王，新东方有三驾马车，百度有七剑客……

具体来说，你跟联合创始人怎么配合？简单跟大家分享一下。

第一个叫作老少配。比如，扎克伯格请来桑德伯格，谷歌创始人请来了施密特，这些人都比他们年龄大。如果创业者很年轻，就要找一些年长的人合作，因为他们的经验比较丰富。

第二个叫作男女配。比如，任正非身边有孙亚芳，张瑞敏身边有杨绵绵……男女搭配，才能刚柔相济。

第三个叫作动态配。要根据情况，给员工换岗位。某位员工工作效率不高、总出错，并不是他不行，而是因为你没把他放在合适的岗位上。比如，某人是销售顶尖高手，但管理能力非常差，一开会就讲自己的英雄事迹，自然就无法带领团队。这样的人，只能做个顶尖高手，根本就无法带团队。也就是说，只有将合适的人放在合适的岗位上，才能发挥出最大效率。

我的一个同学在四川省做电脑销售，因为善于统筹和统率，他将团队管理得非常好。

再举个例子：

某天，一个同学把自己的测评报告发给我。我看了之后发现，上面都是和谐、体谅、公平等才干。

他问我，老师，我适不适合带营销团队？我说，你带营销团队，可能会死掉。

他说，不瞒你说，我已经带死三个营销团队了。

为什么？因为他坚持公平、交往、体谅，对团队爱得过分，缺少训练，缺少像铁榔头郎平这样的狠劲，而管理则是一种残酷的爱。

◎ **金玉良言** ◎

所谓"人"，就是你有什么样的人？有没有高手？有没有左膀右臂？企业要运营，只有你一个光杆司令，怎么玩呢？因此，必须建立一个优秀的团队。

四、河：你的核心竞争力是什么

这里的河就是宽阔的护城河。今天，不管是做生意，还是做事业，都要有护城河，即竞争壁垒。要么产品品质比别人好，要么服务比别人好，要么价格比别人低，要么供应链比别人强，要么生产工艺比别人出色，要么速度比别人快……总而言之，必须有自己的核心竞争力，英文名叫CC。

比如，海底捞。海底捞的服务非常棒，他人难以超越。海底捞出版了一本书叫《海底捞你学不会》，很多企业都来学习，但依然学不会。他们不知道的是，海底捞真正强大的不是业务，而是服务。

可口可乐品牌运营得不错，你想向人家学习，对方也出版了图书，但是你学得了吗？比如，赞助奥运会，你就学不了。

方法告诉你，你也学不会，这就是人家的优势。所以，只有找到自己的核心竞争力，才能在充满竞争的环境中杀出一条血路。如果有竞争优势，就要把它作为重中之重来强调，这是你的产品或服务出类拔萃的基本要素。

倪志翔白手起家，创造了南京最大的花店——汉中门鲜花批发市场。2020年2月1日，开始玩抖音，目前抖音粉丝突破300万，是一个当之无愧的匠人。

在倪志翔身上，我感受到了做事的专注、认真、极致。比如，为了拍好一滴水落在水池上的镜头，他可以拍上整整一天。

成功的本质是永远归零，匠人之心的"匠"，就是专注，是强大的成长力，就是和自己较劲，就是永不言败。

多数竞争优势的生命周期是有限的，不仅专利会过期，一旦竞争对手找到能够与你相匹配的方法，成本优势也会消失。因此在计划书中，要将这些内容陈列出来，不要让投资者觉得你遗漏了这部分内容。

要估计一下竞争优势能维持多久，也可以表明随着时间的推移，自己可以在原有优势消失后建立新的竞争优势。例如，打造了足够强大的品牌知名度，即使专利过期，竞争对手开始仿效你的产品，自己也能保持市场领先的地位。

竞争优势可以从以下几个方面建立。

成本。只要能以比同行更低的成本完成生产，就能比竞争对手更有优势，就能向顾客收取更少的费用，就能付给中间商更多的佣金，同时获得比对手更高的利润率。

局部垄断。例如，购物中心里唯——家书店，就能局部垄断了商场图书销售。

地理位置。例如，拥有最佳景观的旅馆或最靠近公路入口的加油站，也能靠着独特的地理优势，提高竞争力。

销售渠道。例如，与重要的零售连锁企业达成特许销售协议。例如，与唯一的制造商达成独家采购协议。

当然，为了建立自己的竞争优势，你的内容必须是独特的，同时无法被其他对手快速复制。在理想情况下，你的所有独特之处将相互促进，一旦被整合起来，竞争对手就很难复制你的整个系统。

竞争优势为你提供了"独特的卖点"，拥有独特之处，也就拥有了实现更高利润、享受更高银行信用和给投资人带来更多回报的机会。

当然，竞争优势不仅可以用作商业计划书的内容部分，还可以用来介绍你的营销计划。在竞争优势写作中，首先，要描述你的产品，并与竞争对手的产品进行比较，说明双方的优劣。其次，要说明你的公司与竞争对手相比如何，你发现了哪些机会或威胁。要描述你的目标客户，说明他们的需求和购买习惯，以及你的产品是如何吸引他们的。最后，说明营销计划，通过教育客户，向他们传输你的产品和服务等优势，明确定位，吸引客户。

◎ 金玉良言 ◎

多数竞争优势的生命周期是有限的，不仅专利会过期，一旦竞争对手找到能够与你相匹配的方法，成本优势也会消失。因此在计划书中，要将这些内容都陈列出来，不要让投资者觉得你遗漏了这部分内容。此外，要估计一下竞争优势能持续的时间，也可以表明随着时间的推移可以在原有优势消失后建立新的竞争优势。

五、钱：说清楚关于钱的几个问题

在商业计划书中，要明确关于"钱"的几个问题：

（一）值钱

所谓值钱，就是我的公司值1000万元，还是1亿元？

那天，我到呼和浩特讲课，有个同学说，他们公司已经卖了股份和股权证。

我说，你们公司股权证多少钱一个？

他说，1万元一个。

我说，卖了多少个？

他说，已经卖了1000个。

我说，可以，已经收了1000万元。那你公司值多少钱？他说，公司值多少钱是什么意思？

我说，1000万元，如果你公司值1亿元，就是卖了10%的股份。他说，不瞒你说，我也不知道公司值多少钱。

我说，你真行！连公司值多少钱都没搞清楚，就卖了1000个股权证。如果公司值5000万元，卖了1000万元，就意味着分到20%。这个逻辑很简单，你要有一个值钱的逻辑。

（二）赚钱

所谓赚钱，就是我一年大概能赚多少钱，年投资回报率大约是多少。

企业赚钱的方式主要有以下这样几个。

产品盈利。即用赚差价的方式赚钱。浙江义乌的小商品，走的就是这条路线。

品牌盈利。品牌，本身就是产品。比如，消费者花2万元购买一个LV的包，实际上消费者购买的不是这个包，而是"LV"这个品牌。

模式盈利。隐性赚钱，用看不到的方式实现盈利。比如，小米电视的销售价格很低，虽然不赚钱，但是视频会员和广告很赚钱。

系统盈利。整合资源，把该花钱的事情都让别人去干，但钱都要归我。

资源盈利。利用某些核心资源赚钱。

收租盈利。用专利、知识产权等赚钱,如书、电影、歌曲等的版权。

(三)分钱

所谓分钱,就是企业准备怎么跟合作者或员工分享利益,是按照正常比例分?还是按照1.5倍分?或是在本金还没收回来之前,先还一部分。你要把分钱的逻辑说清楚。

◎ **金玉良言** ◎

在商业计划书中,要明确关于"钱"的几个问题:值钱。告诉对方,你的公司值多少钱?赚钱。让他人知道,你的公司是如何赚钱的?年利润有多少?分钱。告诉对方,你打算如何跟他们分钱?

第六章 股权分配方法（三）制订股权分配方案

一、股权分配方案

（一）两人合伙时股权如何分配

创业时，多数情况是两个人合伙，股权分配的方法也相对简单。

如果都是全职，能力上的搭配，建议一强一弱、一男一女，能力强的人，可以占大股份；能力弱的人，占股比例可以小一些。

如果两人分工不同，内（全职）外（不全职）有别，干全职的人可以投小钱，占大股；投钱不干活的人要多投一点，占小股。

当然，这里还有一个问题：发起人是谁？发起人可以遵循一个简单原则，即谁发起，谁带头；也可能是，发起人兼职干，后进合伙人全职干。这时，就有两种解决方法：一是将发起人变成投资人，占小股；二是通过分红方式约定，干活多的人多拿钱。笔者建议，投入时间和体力多的人，在工资、奖金和分红等方面都可以多拿一点。

股权比例分配可以解决权力的问题，股份分红比例更能解决合伙人之间利益平衡的需求。

现实中，多数情况下，两个人合伙会根据投资金额来占得相应的股权比例，具体合理与否，还要根据实际情况来评估。

举个例子：某公司投资 100 万元，甲投资 20 万元，干活，占 20% 股权；乙投资 80 万元，不干活，占 80% 股权。这是不合理的，不仅会让人们的自信心受挫，还会减弱责任心。其实，将股权比例调整为投 20 万元的占 80%，投 80 万元的占 20%，相对更合理。另外，投资人持股尽量不要超过 30%。

将股权比例设定为 8：2，或 7（67%）：3（33%），让带头人拥有绝对控制权，是两个人合伙最安全、最稳健的方式。

两个人合伙创业的公司，常见的错误股权分配方法有以下几个，需要规避。

（1）50%：50%——股权比例平均分配，权力抗衡，容易引起股东家族内斗。

（2）90%：10%——如果两个人合伙在未来一段时间内不会引进新合伙人，创始人就是在吃独食。股权比例太过悬殊，会抑制小股东的积极性。

（3）51%：49%——从股权的权力上来讲，两个人都可以说了算，等于两个人都说了不算。51% 拥有对公司的相对控制权，49% 拥有一票否决权，大家都说了算，其实就是谁说了都不算，只会积怨，引发矛盾。

（二）三人合伙时如何分配股权

这里有个例子。

甲、乙、丙三人要创业，打算运行一个互联网项目，启动资金 200 万元，甲出 100 万元，乙出 60 万元，丙出 40 万元。三人的股权比例是：甲占股 50%，乙占股 30%，丙占股 20%。三人约定，创业初期都不领工资。创业中途，企业运营维艰，乙看不到希望，从公司离职，对于股权如何处置出现了分歧。甲、丙打算让乙退股，乙不同意，据理力争：股份是我花 60 万元买的，我是注册股东；公司法和公司章程、协议都没规定我离职要退股。

乙理由充分，甲、丙无法将乙的股权收回，可两人心有不甘，万一公司将来值钱了，乙就会获利不少，简直就是白捡钱啊。两人不想让乙白吃白占，三人陷入扯皮大战，公司运营受到影响。

记住，三人合伙企业，股权分配的要点是：合得好，分得清，进得来，出得去。股东不仅要有进入机制，还要制定调整机制和必要的退出机制。

1. 三个人合伙分股权的要点

三人合伙企业，分配股权，要考虑以下要点。

（1）出资买股。合作之初，三人共同出资，资金变相起到抵押作用，相当于投名状。交钱才能交心，只获得股权，没有付出，人们往往不会珍惜。因此，三人合伙企业，彼此都要出资买股。

（2）股权锁定。时间对于每个创业者都是不可再生的稀缺资源，将时间抵押，会增加创业成功的概率。因此，三人创业公司，要彼此约定，在一定时间内，不得将股权转让或退出。

（3）全职创业。全职未必成功，兼职更是难上加难，三人必须全职创业。同时，还要约定如果中途一方离职，股权全部收回或部分收回。

（4）资金股与人力股。在项目运作过程中，不仅需要启动资金，还需要人力贡献。随着公司的不断发展，人力的重要程度就会越发突出。因此，应结合行业特点，根据各人的能力、贡献、岗位重要程度等确定工资和奖金，以岗定薪、易岗易薪、人走薪停。

2. 三人合伙最佳股份分配

（1）合伙人出资比例限制。如果不是注册公司，其他投资没有设定投资金额限制，就能根据自己的实际情况计算投资比例；大家一起出资、共同经营、共享收益、共担风险，对合伙债务承担无限连带责任。

（2）有限合伙人出资方式。企业既有普通合伙人，又有有限合伙人，是根据他们在入股前约定的公司股东的责任范围来划分的。股票市场上，股票购买者一般都是有限合伙人。关于企业里的董事会成员是普通合伙人还是有限合伙人，主要还是看公司股东的责任范围。

"有限合伙人"不能以劳务对合伙企业出资，不执行合伙事务，不对外代表合伙组织，只按出资比例分享利润和分担亏损，并仅以出资额为限对合伙债务承担清偿责任。

有限合伙人的出资方式主要有：用货币、实物、知识产权、土地使用权或其他财产权利作价出资；不能以劳务出资；应当按照合伙协议的约定按期足额缴纳出资；未按期足额缴纳的，应当承担补缴义务，并对其他合伙人承担违约责任；在有限合伙企业登记事项中，应当写明有限合伙人的姓名或名称及认缴的出资数额。

（3）三人合伙最佳股份分配方式。三人合伙企业的股份分配由三人协商决定，可以参照出资比例、劳务支出比例来进行分配。股权分配把股权分成两个类别：资金股权和经营管理股权。先把两部分的股权确定清楚，再把经营股权部分确定好总比例之后，再对每个人在团队中担任的职责和能力来进行评估。

（三）四人合伙时最佳股权分配方案

四人合伙创业，有人出钱，有人出力，如何分配股权？

比如，甲、乙、丙、丁四个人合伙开公司，甲出40万元，乙出40万元，丙出20万元；丁不出资，负责销售管理。

针对这种情形，不要简单地按照各自出资比例分配股权，这时不仅要对资本定价，还要对人力进行定价。

首先，这家企业除了甲、乙、丙三人出钱外，贡献最大的人是丁。针对这种情形，可以对股权进行分类，分别为资金股和管理股（也可以称为人力股）。

公司成立之初需要资金，资金股占重要部分，随着公司的发展，管理股的作用就会越来越大。可以这样来设定：公司利润达到100万元，资金股总额占80%，管理股占20%，那在资金股中，甲、乙、丙三人总出资100万元，甲、乙各占40%，丙占20%，那100万元利润当中80%的资金股即 80 万元，对应甲、乙分别分 32 万元，丙分 16 万元。丁因为没有出资，资金为零，管理股占 100 万元当中的 20%，即 20 万元。这样，就能避免完全按出多少钱占多少股来分配，相对合理。

当然，也要考虑到股权动态调整，比如，下一年利润增长到一定比例，为了激励丁，可以将管理股比例增加、资金股比例减少，具体比例及标准需要合伙人通过协商来确定。

那么，当四人以合伙方式成立公司时，该如何分配股权呢？

第一，按股东投入占比分红，规定不参与经营的股东没有额外工资。股东投入资金，根据公司每年的运营业绩来分红，是一种正常现象，但是，对于夜以继日为公司打拼的股东，仅对每年的业绩进行分红，有失公平。经营管理公司的股东劳苦功高，甚至可以说，公司的正常运转和后期取得的卓越成绩都是由他们努力得出的。所以，除了按股东投入资金占比分红外，还可以给予更多的酬劳，即给予与其工作性质相应的年薪作为补贴。如此，既能调动合伙人的工作积极性，又能保证公司的健康稳步发展；同时，不参与经营的合伙人，也能获得每年的业绩分红。

第二，按股东投入占比分红，不参与经营的股东没有额外提成。该方法与第一个方法有点类似，唯一不同的是，对负责经营管理的股东进行额外补贴时，主要参考要素是工作业绩，并非按照职位年薪的模式。这种额外的业绩提成机制，能让负责经营管理的股东更加积极，在本职岗位做出更大的成绩。

第三，将经营劳动转化为股份，对于不参与经营的股东，减少股份占比。为了公司的长期发展，对不参与经营的股东，可以适当减少持股比例。企业发生重大亏损，为了减少不参与经营的股东的损失，在承担企业亏损的责任时，也可以按股份占比实行。

第四，如果是有限公司或股份有限公司，就按照个人的出资额在注册资本里的占比来确定每个人的股权数额。

◎ 金玉良言 ◎

合伙人，人数不同，就要采用不同的股权分配方案。具体问题具体分析，才能获得最佳的效果。

二、制订股权分配方案的原则

信息爆炸的时代，合伙人股权分配的课程层出不穷，但多数是换汤不换药，无论方案如何变化，始终离不开以下两个原则。

（一）能用钱解决的不用股权

引入合伙人时，引入的资源除了资金，还有人力、物力等资源，对于这些资源，哪些该用股份来换取，哪些不应用股份来换取？这里有一个核心原则，即能用钱解决的，千万不要用股份。因为股权是公司最核心的价值，一旦将股份交出去，就很难要回来了。

1. 有形资源

分配股份时，有些创始人会说："××免费给我提供了办公室、车、信息等资源，为公司做了很多贡献，我应该给他多分一些股份。"这种认识是错误的。因为对方提供的这些资源，虽然有助于公司的发展，但发挥的作用是暂时的；随着公司的发展，其作用会逐渐变小。比如，办公室，没有办公场所，确实无法开展业务，但随着公司的成长，办公室发挥的作用会越来越小，后期完全有能力另租一个办公室。这恰恰说明，这类资源是可以用钱解决的。对于愿意提供办公场所的合伙人，不要用股份予以奖励，可以把场地价值折算成金钱。创业初期资金不够，可以以公司名义打个欠条，表示这是公司向他借的，以后偿还。其他资源，同样可以折算成现金来支付，不需要使用股份。

2. 无形资源

对于一些无形资源，很多创始人会一头栽进去，用股份来偿付。比如，对公司影响重大的想法，像创立公司的想法，或扭转公司颓势的想法，或能使公司再上一个大台阶的想法……这些想法虽然有利于公司的发展，但并不能用股权来奖励。原因很简单，这些想法只会在公司发展的某个阶段起作用，等公司发展到下一个阶段，发挥的作用就小了。因此，这些资源也可以用钱来解决，比如设置奖金。

3. 人力资源

创业初期，资金一般都比较紧缺，合伙人可能暂时不拿工资，但也不要多给他股份，依然可以用钱来解决，只要让公司给他写一张欠条即可，等将来资金充裕了，再还给他。

因此，股权分配的一个要点就是，能用钱解决的，就不用股份解决；

钱暂时不够的，就打个欠条。当然，如果想让对方心里更舒坦，还可以加上利息。一定要记住，股权是长期的，不能用长期利益去换取短期利益。

（二）区分身股和财股

引入出资合伙人时，总会遇到这样几个问题：(1)股权是否应该全按出资比例分配？(2)如果合伙人只出资或只出力，该怎么分股份？(3)合伙人分到股份后，如何防止他们干活不卖力？这些问题看上去针对的问题可能都不同，但解决方案只有一个：将股权分为身股和财股，并设置成熟的条件。

所谓身股，就是与人有关的股，在公司工作，就分配身股；离开公司，则失去这份股权。而财股则是跟钱有关的，只要出资，就能得到财股，即使离开公司，仍然持有这份股份。股份分好后，还应设置成熟机制，并规定：只有达到一定的条件，才能获得这份股权。

根据这样的原则来划分，上面的问题也就迎刃而解了。

股权不能全按出资比例分配，首先应根据公司业务的类型划分出财股和身股的比例。如果公司业务是资本密集型的，就让财股占更大比例；如果在业务开展中人才、技术发挥更大的作用，就让身股占更大比例。确定了比例后，再在财股中分配资金所占份额。对于出资的合伙人，分配财股；而出力的合伙人，可以分配身股。

分配好股权后，还要设置好成熟条件。当合伙人通过努力达到特定目标后，股权才能成熟，才能正式得到股份，且越晚成熟，得到的股份便越少，因为股权会随着公司的成长不断增值。

当然，股权分配不仅要分配当时的股份，更要考虑未来的股份，可以适当留出资金池，如此，今后再引入新的合伙人时，既可以根据公司以后的估值来重新分配股份比例，又不会稀释原来合伙人的权益，有利于公司的长远发展。

◎ 金玉良言 ◎

信息爆炸的时代，合伙人股权分配的课程层出不穷，但多数是换汤不换药，无论方案如何变化，始终离不开两个原则：一是能用钱解决的就不用股权；二是区分身股和财股。

第七章　股权分配方法（四）股改

设计股改和定规，是一种公司"动力"建设。明确激励目标，就能吸引人；确定股权价格，就能产生一种强大的力量；合理定量，才能取得最佳的激励效果……数据化时代，唯有确定合理的股权分配方案，企业才能与时代共舞。

一、定向

股改，是企业为激励和留住核心人才而推行的一种长期激励机制。有条件地给予激励对象部分股东权益，就能在员工和企业之间打造出利益共同体，进而实现企业的长期目标，不断发展壮大。

股改制度是企业管理制度、分配制度甚至企业文化的一次重要制度创新，无论企业形态或资本结构如何，无论是上市公司还是非上市公司，都需要建立和实施股改机制。

所谓定向，就是明确你要激励的目的是什么？要激励谁？要达成什么结果？是要招人，还是要留人；是要激活人，还是约束人？股权设定的核心目的主要有以下几方面。

第一，建立利益共同体。一般来说，企业的所有者与员工之间的利益并不完全一致。所有者注重企业的长远发展和投资收益，而管理者和技术人员受雇于所有者，他们更关心在职期间的工作业绩和个人收益。

价值取向不同，双方在企业运营管理中行为方式也会有所不同，甚至还会发生员工为个人利益而损害企业整体利益的现象。实施股权激励，就能使管理者和关键技术人员成为企业股东，促使个人利益与公司利益趋于一致，有效弱化二者之间的矛盾，形成企业利益共同体。

第二，用业绩对员工进行激励。实施股权激励后，管理者和技术人员也就变成了公司股东，有权分享企业利润。这种预期的收益具有一种导向作用，会极大地提高管理者、技术人员的积极性、主动性和创造性。此外，员工成为公司股东后，能够分享高风险经营带来的高收益，有利于刺激其潜力的发挥，经营者就能大胆地进行技术创新和管理创新，采用各种新技术降低成本，提高企业的经营业绩和核心竞争能力。

第三，约束经营者短期行为。传统的激励方式，如年度奖金等，对经理人的考核主要集中在短期财务数据；而短期财务数据无法反映长期投资的收益，采用这些方式会影响重视长期投资经理人的收益，客观上刺激经营决策者的短期行为，不利于企业长期稳定的发展。引入股权激励后，对公司业绩的考核，不但会关注本年度的财务数据，还会关注公司将来的价值创造能力。

此外，作为一种长期激励机制，股权不仅能使经营者在任期内得到适当的奖励；同时，部分奖励是在卸任后延期实现的，经营者不仅会关心任期内业绩的提高，还会关注企业的长远发展，获得自己的延期收入，进一步弱化经营者的短期化行为，提高企业创造价值的能力和长远竞争力。

第四，留住人才，吸引人才。实施股权激励计划，有利于企业稳定，便于吸引优秀的管理人才和技术人才。设定股权，一方面可以让员工分享企业成长带来的收益，增强员工的归属感和认同感，激发员工的积极性和创造性。另一方面，当员工离开企业或做出不利于企业的行为时，将会失去这部分收益，如此也就提高了员工离开公司或"犯错误"的成本。

◎ 金玉良言 ◎

进行股权分配，首先要知道：你要激励的目的是什么？要激励谁？要达成什么结果？是要招人，还是要留人；是要激活人，还是约束人？

二、定价

股权定价是很多企业老板纠结的问题。

这天，在培训中心，一位老板问我："我想拿出部分股权，送给核心员工，行不行？"

我回答："当然行啊，能不能送点给我？"

老板嘿嘿一笑，又问："您觉得有什么问题啊？"

我反问："为什么要送？"

老板又嘿嘿一笑："让他们买，怕他们不愿意。他们跟了我很多年，平时薪水不算高，想补偿一下。"

不想着用股权去做激励，而是想着做补偿，是企业老板最容易犯的一大错误。说白了，就是老板自己都不认为企业的股权有价值，觉得给出去一点儿无所谓，不仅对自己没影响，还能在员工中得个好名声。我却不认同这种做法。

股权是一种稀缺资源，是一种具有资本价值、带有金融属性的稀缺资源，自己都不认为股权有价值，如何作股权激励？所以，既然要做股权激励，就要珍惜股权，绝不能送，一定要确定合适的价格。

那么，究竟如何定价呢？定高了，员工不认同；定低了，企业会吃亏。其实，价格只是代表过去，股权激励看重的是未来。单纯从金融角度看，这里其实涉及一个投资回报的问题。初始价格的多少并不重要，重要的是未来能增值多少。所以，只要设定一个投资回报率，以净资产定价法、市盈率法或现金流折现法作参考，就能确定一个初始价格。

当然，这个初始价格，不一定要反映出企业的真实价值，只要能帮助企业达到股权激励的目的就行。

◎ 金玉良言 ◎

股权激励不是卖股权，不是引入投资人，而是激励。只有制定合理的价格，才能将合伙人和员工的积极性调动起来。

三、定量

所谓定量就是要拿出多少股份用作激励。

在数量中有两个关键词,一个叫总量,另一个叫个量。总量就是企业今年拿出多少,比如,企业拿出10%,对12个人进行激励,每个人能获得多少,就叫个量,就是每个人的数量,总量是可以持续释放的。

激励,有一个错误原则,就是大量、低频,正确的做法应该是少量多频持续。也就是说,量可以少一点,但一定要多频,一定要长期坚持。

当年有一家公司做得非常出色,月营业额多达1亿元。在公司上市前,给总部的核心老师都做了激励,我是在半年后进的这家公司,就没有获得激励。

我打电话给总裁,问,有没有我?

他说,刘老师,不好意思,你的条件不符合……

我说,下一批呢?

他说,下一批可能没有了。

不是少量多频,而是一次性弄完就没有了;这里就有一个弊端,即对于白送的东西,人们一般都不会珍惜。做得好的地方,就是有限股权、无限可分。

什么叫有限股权、无限可分？假如你有 100 份股份，突然引进一个职业经理人，拿出 5 份，送给他；明天引进一个高管，拿出 5 份，送给对方；后天引进一个高管，拿出 10 份……这样持续下去，创始人手里的股份可能就没有多少了。

当创始人的股份被稀释到 50% 时，就同比稀释了，就不是 100 份了。比如，现在匠言成都公司，总部已经让出了 40% 的股份；如果再来个高手，就能稀释到 50%。但是，如果再来高手，给对方 5 个点，蛋糕就会变成 105 份，而不是再从我的蛋糕里拿出 5 份。因为再拿出，我就没了，要把蛋糕切成 105 份。之后，再来一个财务经理，拿出 5 份，蛋糕切成 110 份，原来的那些股东和股份就全部被稀释了，总部永远都只能有 50 个股份。

◎ 金玉良言 ◎

股权分配，大量、低频是错误的，应该是少量、多频、持续。也就是说，量可以少一点，但一定要多频，一定要持续。

四、定人

所谓的定人，就是你要选择什么人，是高层、中层，还是基层？

举个例子，开一个餐厅，是要激励店长，还是要激励厨师长？这时候，店长作为联合创始人，厨师长作为事业合伙人，服务员作为经营合伙人，就需要对他们进行激励。

选择股权激励对象，对象的选择很重要。因为只有将对象选对了，才可以找到最佳的深度合伙人。

（一）股权激励对象

确定激励对象前要明确一点，一定要将股份分给掌握公司核心技术、核心资源并为公司作出贡献的人。

1. 高管人员

高管，是公司的核心团队，控制着公司的战略方向和实际运营。这种人一般都是公司的高管层和核心人员，为公司发展作出了巨大贡献，手里掌握着公司的核心技术和资源。做股权激励，忽视了这个人群，会寒了功臣的心。一旦这些人投奔了竞争对手，会给公司造成不可估量的损失。因此，进行股权激励时，就要重视员工在公司的服务年限，让服务年限久的员工更多地持有公司股权；当然，还要参考其对公司的贡献值。

2. 核心骨干

这些人处于公司的核心部门，担负的职位很重要，比如核心业务骨干、核心技术骨干等。他们为公司作出了巨大贡献，创造了巨大的价值，为了调动他们的工作热情和积极性，有利于公司的发展，理应受到激励。对核心骨干的股权激励，可以参考员工在公司的业绩贡献、绩效考核、综合评价等因素，用多方面来反映员工的价值贡献。

3. 未来人才

公司未来如果想进一步发展壮大，就要不断引进更多优秀的人才，注入新鲜血液，因此在确定激励对象时不要一次性分完，应给未来的优秀人才预留部分股权。概括起来，未来的人才一共有三种：（1）现在不在公司，将来根据公司的发展需要引进的人才；（2）现在是激励对象，但因为职位低贡献小而得到的股权激励额度小，将来成长为公司主要的核心人才，就要追加股权激励额度；（3）刚到公司的优秀员工，还未做出成绩，暂时不考虑给予股权激励，未来如果成长为公司的中流砥柱了，就要给予股权激励。

（二）如何真正了解一个人

如何才能真正判断一个人、了解一个人、认识一个人？这是一个千古谜题。

两千多年前，孔夫子用精辟的三句话，给了我们答案。

第一句话叫"观其所由"。也就是说，要观察他为什么去做，这个"由"就是他的价值观。面对一件自己愿意做的事情，他的价值观是钱，他的动力就是断断续续的；如果他的价值观是造福他人、帮助他人，他的行动就会更加持续、更加长久。

第二句话叫"视其所以"。这里的"视"就是看，要审视他过去做过什么事情、已经做过什么事情？要看他具体的行为。比如，过去有没有在同类企业工作过、过去有没有做出成绩、过去工作的绩效如何、学习成果如何等。

第三句话叫"察其所安"。所谓"察"就是深刻地觉察，看看他是因为什么而变得安定、安静、平和和喜悦？

这里,"观""视""察"三个等级,是不断升级的,其中"察"最精细、最深刻。

(三)股权激励的依据

激励对象的确定需要符合一定的标准,不仅要科学,还要合理,否则员工就会质疑激励方案的公平性,因此在确定激励对象之前,首先就要确定标准。虽然股权激励面对的不是所有人,但所有人都有机会,要将标准公布出来,只要符合标准,就可以成为激励对象;对于暂时不符合的,还能为他们明确一个努力的方向。

具体标准主要包含以下几个方面。

1.绩效考核评估

在实施股权激励时,绩效考核制度的健全和完善,直接影响着激励对象的选择。只有将员工股权激励与绩效考核结合在一起,才能让员工对股权激励产生共鸣,才能真正激发有潜力、有实力的员工脱颖而出。

2.岗位价值评估

在企业中,职位越高,相对来说,责任也就越大,对个人的能力要求自然也就越高。用职位高低进行激励对象的筛选确实是一个有效方法,考查的维度涉及员工的责任大小、知识技能、辛苦程度、工作环境等。

3.服务年限评估

对企业员工来说,工龄越长,意味着其为企业服务的时间越长,对公司的付出也就越大,为了吸引和留住这样的忠心员工,就可以采用股权激励的方式,进一步提高员工工作的积极性和忠诚度。

4. 职级体系评估

职级体系是一个组织内部的层级分布，分类方式有纵向和横向划分。纵向就是区分职级高低，如高层、中层、基层，管理水平较高的企业集团，一般都会设置数字式的职级体系。

5. 综合评估

岗位价值、职级体系等都是有客观标准的，而绩效则存在一定的主观标准，综合评估则需要将主观和客观相结合，才能综合反映出员工的价值。

（四）选择股权激励对象的原则

选择股权激励对象，要坚持这样几个原则。

1. 公平、公正、公开

公平主要是法律地位的公平，股权激励推行得好，就有利于公司发展；推行得不好，就会打击其他人的积极性。比如，同一科室一同入职的人，对甲进行了股权激励，而乙却没有，那他心理上就会感到不平衡，所以既然要进行股权激励，就要公平地面向所有员工。同时，既然要选股权激励对象，就不能悄悄进行，要广而告之，让大家都知道，比如：哪些人是管理者、哪些人属于高管？

2. 不可替代

公司实施股权激励方案，面对的并不是所有人，否则会让大股东的利益受损；过分瓜分大股东利益，也就没有必要推行股权激励了。选择激励对象，最好是具备不可替代性的人员，比如，核心技术团队、核心管理团队成员，还有高级销售人员。如果随时都能通过社会招聘或绩效提成促使员工提高工作积极性，就不建议实施股权激励。

◎ 金玉良言 ◎

不要把假的太当真，不要忘了真相，整天都在虚假的表象上忙碌。给员工布置任务的时候，要记住，这是在以假修真，这是员工在成长。这样对员工说，员工可能会认为你在忽悠，但如果你的心是正的、是诚的、是红的，久而久之，员工就会感受到你的那份用心，知道你是真的想让他去成长、改变他，甚至在帮助他。

五、定类

一家互联网公司，过去没有做过股权激励，凭着赤手空拳和老板的人格魅力，年营业额做到了8000万元。

但是这几年业绩一直没有太大突破，核心高管也遇到了稳定性的问题，公司便打算重新聘用高管。老板在面试时，一位应聘高管的人说："在互联网行业，没有不做股权激励的！"老板顿悟。

我们将这家公司估值1亿元，核心高管出让10%，先拿出6%给现在的高管，再拿出4%给未来的合伙人。分期3年，第一年释放2%，即200万股。当然，核心高管购买时，可以打折。这种激励策略，最好选择什么股权种类呢？

第一种是期权，现在不交钱，3~4年后可以拥有未来股权，可以让大家看到未来。但是，现在没有交钱，核心骨干的转移成本比较低。

第二种是期股，类似华为的虚拟股，年底就可以分红，但不是正式的注册股东，假如公司上市，跟他没有任何关系。

针对互联网公司，我们建议的最佳方式是"期股＋期权"，用虚拟股解决今天的问题，用期权解决明天的问题。当然，前提是这家公司是适当盈利，否则只能用期权的方式。

所谓定类，就是我们要用什么样的激励方式。那么，如何定类呢？

第一种叫分红股，就是分利润。到年底的时候，公司拿出部分收益，跟员工分红。

第二种叫超额分红。就是超出一定的利润后，额外多给员工的。超额分红是超出目标以外的，一般都会分得多一点儿。当然，有的连锁店是这样做的，比如，去年店利润是100万元，今年超出100万元，拿出50%跟创业者、店长对半分。去年做100万元，今年做150万元，多出的50万元，二一添作五。

第三种叫虚拟股。目前，虚拟股是我们做股权咨询，包括合伙咨询使用得最多、最灵活的一种方式，只要投钱即可，不用注册，离开时只要将本金或分红退还就可以了。目前，华为9万名员工使用的都是虚拟股。核心骨干通常都是在公司工作的时候发挥价值，一旦他离开公司，就不会为企业创造价值了，也就没必要让他再享受股份了。如果是公司创始人级别的，也可以让他保留一段时间；但如果是中层干部，最好人在股在、人走股没……这都叫虚拟股。

第四种叫期权。期权就是，未来的股权。在整个西方世界，多数公司使用的是这种激励方式。比如，乔布斯先生在世的时候，虽然没向员工进行过分红，但他会奖励给员工期权。如果公司估值100亿美元，给员工1%的期权，也就相当于给员工1亿美元的期权。如果明天公司估值变成200亿美元，今天花100亿美元购买，两天后200亿美元卖出，就会赚1倍。期权，适合有发展空间的企业，适合成长中的企业。小米公司当初估值只有几亿元，雷军给高管全部奖励了期权。有个小姑娘本来是前台，学历不太高，却拿出自己的嫁妆购买了公司期权，父母反对，她却坚持。后来，公司在香港上市，涨了100倍。

第五种叫注册股。所谓注册股，就是到工商局进行注册的股份。

听完我的课程后，一位老总明白了注册股是给少数人的，于是对我说，"我们运营部有个经理，当初招他时，我跟他说，你给公司做200万元，我就给你20%的股份。没想到，只开了一场招商会，他就做了300万元，然后他就拉着我到工商局注册，我现在才搞明白，原来我当初答应他的是注册股。其实，招商会用的都是我的人脉，请的还是外部老师，根本不能算是他的贡献"。

所以，领导一定要谨言慎行，千万不要盲目承诺。

第六种叫激励组合拳。举例来说，高管既有分红股，又有超额分红，就叫组合拳。针对总经理、高层、中层，包括互联网、服务业、制造业，不同状态下，老店长、新店长都不一样。举个例子，老板招了一名厂长，他跟这个人说，我给你5%的股份，你拿50万元来购买，相当于值1000

万元。这种股属于虚拟股。但是这个厂长刚来，不敢花 50 万元购买，他根本没想到，这是老板给他的福利。老板说，不愿意买也可以，给你 5% 的分红，分红属于分红股。厂长这个岗位是防守型岗位，还是进攻型岗位？这要取决于他是什么厂长。如果是生产厂长，就是防守型岗位；如果他是全面负责的厂长，就属于进攻型岗位了，是创造价值的岗位。创造价值的岗位，光分红还不行，还要有超额分红。比如，利润在 100 万元以下，5 个点；利润在 100 万元到 120 万元，6 个点；120 万元到 150 万元，7 个点；150 万元到 200 万元，8 个点……要越做越高，让这位厂长觉得多劳多得。此外，为了激励，干满 3 年，还可以实施当初约定的 50 万元购买 5% 的资格。期权带来的最大好处就是，在充满不确定性的明天，我们依然可以进行深度连接。

◎ **金玉良言** ◎

所谓定类，就是我们要用什么样的激励方式。要想提高股权分配的效果，就要正确区分股权种类，比如：分红股、超额分红、虚拟股、期权、注册股、激励组合拳等。

六、定时

所谓定时，就是整个激励的周期是多长，是 3 年，还是 5 年？对于这个周期，要制订一个具体时间段的规划。

通常来说，主要包括以下几个时期。

第一个叫作等待期。入职满 1 年或 2 年，有机会成为公司股东。不能员工今天刚到公司，你就拍着他的肩膀说，你可以成为公司股东了。得来全不费功夫，太容易了，员工多半不会珍惜。

第二个叫作锁定期。比如，锁定 1 年，还是 2 年，还是 3 年，还是 5 年……不能想来就来，想走就走。有个同学跟我说，他最近跟一个上海装饰集团合作，成立了一家新公司，我出仓库、物流，再出 100 万元，占 10% 的股份，但又担心对方将他踹了。我建议他，可以跟对方作个约定，比如，在合作的过程中，如果你单方面提出来让我退股，100 万元你要翻倍给我 200 万元；为了表达你的诚意，也可以跟他说，如果在 3 年内我个人单方面提出离职，100 万元你只要给我 50 万元就可以了。把锁定期设定好，对双方都是一个约束，不能想来就来，想走就走。

第三个叫作窗口期。窗口期通常是在每年的 3 月 1 日到 3 月 31 日。在这个阶段，可以行权，可以买进，可以卖出，其他阶段我们不接待。只有在这个特定时期，才进行财务结算。每年华为公司都会请两家世界级的财务咨询公司，作深度的财务审计，审计完以后，会给大家兑现分红，通常也是在 3 月 1 日到 3 月 31 日。这个兑现的时间就叫窗口期。

第四个叫作兑现期。假如你有 10 个点的股份，以 300 万元的价格卖给公司，公司就能约定这笔钱不是一次性给付，而是分 3 年，这叫作兑现期。公司财务也不容易，一次性拿出这么多现金，公司压力也很大，所以可以约定 3 年兑现或 5 年兑现。这个兑现分两种情况：一种是一次性把股份卖掉，然后分期兑现；另一种是允许你把股份卖掉 10%，然后分 3 年、10 年把它卖完。

第五个叫作定时，时间的确定非常重要。

第六个叫作定规。这是最核心的，也就是说，要确定规则。

要想将事情办好，就要明确规则，要有契约精神，要将事情提前说好，说得模糊，矛盾就会增多。

某公司有个股东，持有公司 10% 的股份。

众所周知，现在工商局成立公司，不是实缴，可以任缴，原则上 100 年任缴期都可以。公司发展起来后，公司跟他索要这笔钱，公司注册资金 100 万元，至少要拿出 10 万元。

这个股东很生气，不同意。公司虽然可以让他退股，但当初也没有约定退股应该退多少钱，最后一地鸡毛。

远见，就是你能够看到未来。

稻盛和夫说，要一直思考到看见问题的结果为止，要一直思考到看见问题的结果是彩色的。当年日本盛产通信电话、车载电话，稻盛和夫对企业高管说，不要再做车载电话了，我已经拜访了摩托罗拉的创始人高尔文先生，手机才是世界未来的真正趋势。然后，他让高管看了电话的将来收费清单。稻盛和夫已经想好了：本省邮政对手机怎么收费，固定费用收多少，每分钟收多少。5 年后，日本才推动了移动电话，高管把稻盛和夫 5 年前给的清单拿出来一看，竟然一模一样。

稻盛和夫已经思考到这个问题，并看到了问题的结果。心理学中，实现梦想有几个词,第一个叫视觉化,要努力想象,深度联动视觉化。第二个叫想象力,基本上你的人生就是你想象的。

◎ 金玉良言 ◎

分配股权,要确定好时间,即整个激励的周期是多久? 是 3 年,还是 5 年? 要作一个具体规划,比如,一个时间段的规划、一个周期的规划。

第八章　股权分配方法（五）定规

一、进入机制

合伙人股权的进入机制，即结婚机制。举个例子。

小米之所以能取得成功，关键就是有一个豪华的合伙人团队。该团队具有这样的几个特点：他们都是创始人自己找来的合伙人，或经过磨合的合伙人推荐过来的人；小米早期创业期间，他们不领工资或领低工资；他们拿出自己的钱购买公司股票，56名早期员工共投资1100多万美元。

这样的豪华合伙人团队无法复制，小米寻找合伙人的经验值得借鉴：先找到合适的合伙人，再进行股权配置，给既有创业能力又有创业心态的合伙人发放股权。

合伙人是公司最大的贡献者，更应该是主要参与分配股权的人。在公司运作过程中，很多事情需要跟合伙人商量，遇到重大事件，甚至还得经过合伙人同意。公司赚的每一分钱，不管与他们是否直接相关，都要按照事先约定的股权比例进行分配。

不过，请神容易送神难。虽然有些人可以成为公司的合作者，但要慎重对待下列几类人员。

第一，短期提供资源者。举个例子。

刚开始创业时，朋友乙提出，可以为甲对接上下游的资源。作为回报，他要求公司给 20% 股权。可是，甲把股权出让给朋友乙后，乙承诺的资源却迟迟没到位。

创业早期，需要借助很多资源，这时候有些创业者就会给早期的短期资源承诺者许诺过多股权，把资源承诺者变成公司合伙人。须知，公司的价值需要整个创业团队长期投入时间和精力去实现，对于这类人员，最好优先考虑项目提成，谈利益合作，一事一结，不要通过股权长期进行深度绑定。

第二，外界投资人。举个例子：

公司早期创业时，甲、乙、丙 3 人凑了 49 万元，做房地产开发的丁投了 51 万元，总共拼凑了 100 万元启动资金。大家按照各自出资比例，简单、直接、高效地分发了股权，即合伙人团队总共占股 49%，外部投资人占股 51%。

公司发展到第 3 年，合伙人团队发现，一方面，当初的股权分配极其不合理；另一方面，公司想引进外部财务投资人。外部投资人进行了初步调研，最终表示不敢投他们这类股权架构。

创业投资的逻辑：（1）投资人投大钱，占小股，拿出现金买股权；（2）创业合伙人投小钱，占大股，通过长期全职服务公司赚取股权。简言之，投资人只出钱，不出力；创始人既出钱（少量钱），又出力。因此，外界投资人购买股票的价格应当比合伙人高，不应当按照合伙人标准低价获取股权。

第三，兼职人员。举个例子：

甲通过朋友介绍，在某公司找到一位兼职技术合伙人乙。作为回报，公司给乙 15% 股权。起初，乙会断断续续参与项目。后来，乙忙于自己的工作，很少出现在公司，最后索性干脆不来了。甲花了大本钱，办了件小事，得不偿失。

既然是兼职，就说明对方不会全身心投入。"兼职"时间的长短是个未知数，其他人根本无法把控。因此，对于技术很牛但不全职参与创业的兼职人员，可以按照公司外部顾问标准发放少量股权，不能按照合伙人的标准配备大量股权。

第四，早期普通员工。举个例子：

创业早期，公司只有 7 名员工，为了减少成本，也为了激励员工，刚开始 3 个月，公司给合伙人之外的 4 名普通员工发放了 16% 的期权。结果，作完股权激励后，他们才发现，这些员工最关注的是涨工资，并不看重股权。

给早期普通员工过早发放股权，不仅会增加公司的股权激励成本，还无法取得理想的激励效果。在公司早期，给单个员工发 5% 的股权，并不能起到好的激励效果，甚至还是一种负面激励。员工可能认为，公司不想给他们发工资，想通过股权来忽悠他们，给他们画大饼。如果公司在中后期给员工发放股权，只要拿出 5% 股权就能解决 500 人的激励问题，且激励效果非常好。

◎ **金玉良言** ◎

几个人合伙开办公司，公司遇到任何问题，合伙人之间都得商量；重大事件，甚至还得经过所有的合伙人同意。合伙人是公司最大的贡献者，也是主要参与分配股权的人。公司赚的每一分钱，不管是否和合伙人直接相关，都要按照事先约定好的股权比例进行分配。

二、退出机制

十个创业九个亡,合作之始,务必设定好退出机制。

第一是亏损约定。比如,在合作期限内,没有赚到钱,谁要中途退出,将以1元转让其所有股份;实在不行,2元也行。因为,此时形势危急,股东退出等于谋财害命。可是,净身出户在法律上是行不通的,因此要写"1元"。这样,大家才能共同进退。

第二是锁定约定。如果确实赚了点钱,但只有1万元,股东想退出,怎么办?要明确在5年之内走,只能分配当期的利润,本金不退。

第三是胜任约定。如果合伙人能力差无法胜任,绩效评估不合格,依然是净身出户或减少股份,这样,合伙人才会在梦中惊醒,持续奋斗。

一个公司小股东打算离开公司,他的股份值100万元,想请大股东把他的股份买下来。如何应对这个问题?

首先,大股东没有回购小股东的义务和责任。小股东可以卖,但股东有优先购买权,如果不买,小股东可以卖给第三方。那么,在什么情况下,大股东必须买呢?举例来说,通常有以下几种情形。

(1)他能证明你作为大股东有贪污腐败的行为。你侵占了他作为小股东的利益,必须把他的股份买下来。比如,公司要并购、兼并、重组,就要把他的股份买下来。

（2）公司正常盈利，但好几年都没有分过红。你整天拿小股东开心，公司赚了不少钱，一毛钱没分给他，对方就可以要求你将他的股份买回去。

其次，合伙人退出的规则。将来有一天，如果某个合伙人不做了，要离开公司，想将这笔钱要回去，就要搞清楚：是本金退，还是本金加利息，还是本金减分红，还是说按照溢价来退，抑或是按照估值来退？千万不要合的时候同心同德，搞两天变成同室操戈。退出的时候，至少有几个关键点要思考。

第一，退出的情形。要明确一点：他是正常退的，还是主动离职退的，还是违规退的？或者带着几个人创业？比如，有个兄弟开着一家培训公司，发现有个股东早就准备创业了，查了一下他们公司的注册时间，是在他离职之前的一年；走的时候，还将公司几个总监全部挖走了。这种情况，每个人都不愿意看到，因此为了减少这类事件的发生，就要提前明确退出情形。

第二，退出的周期。或者叫退出的时间，是马上就退，还是 3 年之内退；是 5 年之内退，还是 8 年之内退？通常来说，一般会涉及两个期限，一个叫锁定期。举例，你在银行存 100 万元，3 年定期，两年半突然来取钱，每年几万元利息，就会全部打水漂。为什么？因为你没有超过 3 年的锁定期。

第三，退出的价格。要明确：是按照估值、本金退？还是按照本金加利息、本金减分红退？双方的期望值都不一致，要事先把退出价格约定好。

合伙人不仅是一种分配机制、分配规则，更是一个成长规则和发展规则，所以大家要明白，我们今天分给合伙人的并不仅仅是钱。虽然没有钱是万万不能的，但钱不代表一切。为什么员工今天来上班？因为他不仅要今天，还要明天。如果在一家公司这个月可以挣10万元，明天公司却倒闭，他也不会来。可是，哪怕今天一个月挣3000元，明天有可能一个月挣3万元，后天有可能跟公司并肩成长，他依然会来。这就叫成长通道。史玉柱当年盖巨人大厦，越盖越高，最终资金链断裂，公司破产，所有债务全部清算。但是，史玉柱身边有十多个中高管，没人离开他，跟着史玉柱一起干。大家私下议论，都觉得他会重新站起来。后来，史玉柱搞了一个脑白金，广告"今年过节不收礼，收礼只收脑白金"也成了流行语。然后，他们做了一个征途游戏，终于将企业救活了。

◎ **金玉良言** ◎

退出的时候，至少有几个关键点要思考：第一，退出的情形。要明确：他是正常退的，还是主动离职退的，还是违规退的？还是他带着几个人创业？第二，退出的周期。他是马上就退，还是3年之内退；是5年之内退，还是8年之内退？第三，退出的价格。要明确：是按照估值、本金退？还是按照本金加利息、本金减分红退？

三、约束机制

提高激励效果，调动员工的积极性，固然是股权激励的根本目的，但激励的同时不能忘了约束机制的建立。大量事实告诉我们，只有明确约束机制，才能让合伙人或员工在获得收益的同时考虑到自己的义务和责任。

所谓约束规则，就是告诉员工：哪些事情不能碰？

一次，一家整形医院的学员跟我交流，老师，每天早晨只要我一醒来，都会被一个群吵得一塌糊涂。

我问，什么群？

他说，就是我们股东群。我是二股东，三股东天天跟大股东吵架，说大股东中饱私囊。

确实，大股东中饱私囊，对小股东很不利。创业的目的并不是让自己的生活变得更好，而是希望做成一件事，让伙伴们一起变得更好。如此，设定约束规则也就成了必要。

任何团队都会发生斗争，最好的方法是，制定一套外部约束的规则、制度。稻盛和夫讲过一句话，好的制度，会让人们失去作恶的机会。

有一个同学做钢材，发现有个业务员中饱私囊，调查后发现，顾客采购钢材的钱都打到了业务员的账户，不是几十万元，就是几百万元，时间长了，业务员就产生了一种错觉，觉得这些钱好像就是自己的。

正因如此，现在的保险公司业务人员收保险费，不允许他们直接接触钱，必须打到公司账户上。如果由业务人员直接收，今天收2000元、3000元，他们可能就会想，今天先吃一顿，发票本来是5日收的，把发票前加一个1，改成15日；结果，到了15日，钱还没交上去。他打算将1改成2，25日交上去。结果发现，这个月份不太好，因为6改成7不太好改，最终东窗事发。后来，保险公司不让业务人员直接接触钱了，因为只要业务人员一接触钱，就容易出问题。

好的制度能够让人没有作恶的机会！给了员工股权，却没有制定相应的约束机制，只能催生出更多的懒人。因此，一定要慎重对待约束机制的制定。

◎ 金玉良言 ◎

提高激励效果，调动员工的积极性，固然是股权激励的根本目的，但激励的同时不能忘了约束机制的建立。大量事实告诉我们，只有明确约束机制，才能让合伙人或员工在获得收益的同时考虑到自己的义务和责任。

四、分红机制

在分发股份的时候，要明确这几个问题：股份如何分？现在分，还是将来分？分多少？分多久？

股份分红非常专业，不能任意进行。心理学家杜威告诉我们，人性渴望伟大，每个人都渴望伟大，问题是我们有没有给他伟大的机会。每个人都渴望被认同，股份分红出现问题，会影响到人们工作的积极性。

(一) 怎么来做分红股

怎么来做分红股？可以召开合伙人大会。当然，共情才能共鸣。所以，公司举办合伙人大会，就要将所有合伙人的情绪都调动起来。

有家公司叫七色纺，当年他们老总请我去做顾问。当时，公司的年营业额为几千万元，老板格局很大，给员工分了股份，但员工没有积极性，光拿钱不干活。成了股东的员工，喜欢跟老板叫板；而没有得到股份的员工则感到心理不平衡，整天暗示老板要股份和分红。

如今，企业都在谈变革，那么如何才能让员工发生改变呢？看到孩子成绩不好，你问孩子，怎么考这么差？孩子没反应，不想改变，说班上还有一半人不及格呢，我考 68 分，可以了。如何才能让孩子改变自己的认知和行为呢？改变的模型就是，目睹、感受、改变。第一步，要目睹，要看到。第二步叫感受，就是要让他内心感受到，觉得原来事情是这样的，让他的心灵受到冲击，主动进行改变。同样，给员工分红，也要先让员工目睹到，眼见为实，当他们发现伙伴确实可以通过分红分到 50 万元、100 万元时，就会感受到，工作努力，确实能获得高回报，既然如此，我也应该这样努力，然后发起行动。

当然，为了让员工看到更直观的，可以把合伙人的照片张贴到墙上，只张贴老板自己的照片，就有些自恋了。那天我去一个企业做咨询，发现墙壁上挂的全是老板跟各界要人和世界冠军的合影，以及跟我的合影。在我的照片旁边，还摆放着很多白色鲜花。我的建议是，企业老板不能将自己塑造成英雄，要把员工变成英雄，领导者要冲在第一线。

不满是向上的车轮。华为原来的首席顾问彭剑峰，对任正非事业成功的原因做过总结，主要有以下几个。

（1）爱才如命。任正非非常爱惜人才，只要一看到人才，就要主动迎上去。

（2）挥金如土。任正非敢于舍得花钱，为人大气，该分钱就分钱。一天，我跟华为的董总正在聊天，他们财务老总跑过来说，董总，今年的年终分红准备好了，大概500万元，是今天发，还是过几天发？董总说，赶快发！

（3）"杀人如麻。"不是说真的杀人，而是说当某个员工在岗位上不适合的时候，要敢于把他拿下。懂得解雇人、善于炒掉人，并不是对某个人负责，而是对团队负责，对企业负责。所以，带团队的核心就是，觉得某个员工不适合，可以再给他一两次机会；如果该员工的能力还不足以应对该岗位，就直接拿下（转岗或辞退）。

（二）分红股的设计

分红跟发奖金有没有区别？

首先，奖金是公司还没有算出今年赚不赚钱，就要给员工发的。比如，十三薪，年底要给店长、部门经理分红。即使今年公司不赚钱，奖金依然要发。不知道今年赚不赚钱，就分掉奖金，就做得不妥，要将奖金跟营业额联系起来；门店亏损10万元，年底还给店长包了一个5000元红包，无异于雪上加霜。分红则要跟利润挂钩，赚到钱再分。上个月我们成都公司都很高兴，因为光分红就差不多有 10 万元，伙伴们都很激动。我却觉得无所谓，因为我愿意分，但如果一个月亏损 10 万元，再分 10 万元，就是雪上加霜了。

其次，利润可以培养，经营者要有经营思维。一个炎热的下午，我走进一家服装店，一个顾客都没有，7 名导购员在扎堆聊天，我问店长，这个店一个月做多少？他说，15 万元左右。我说，15 万元需要 7 名员工？他说，老师，其实 6 个人足够。我说，需要 6 个人吗？他说，5 个人也行。我说，需要 5 个人吗？他说，合理安排一下，4 个人也可以。为什么要用 7 个人？因为这 7 个人是老板发工资。如果这家店是夫妻店，绝对不敢用这么多人，因为需要自己掏腰包给员工发工资。所以，跟营业额挂钩，他就是一名管理者；对利润负责，才能成为经营者。

后来，我跟他们的董事长提到这件事，董事长说，如果让我去管理这家店，3 个人足够。现在为什么需要 7 个人？因为没人对编制负责。这就是我们说的经营者思维。

经营者思维，就是效益为先，或者叫效率为先。所有的运营者都要制定绩效指标，运营的核心就是人均效率。当年阿里巴巴上了一个新项目，打算做 1 万亿元，人均效率是多少……所以，领导者一定要为团体设立明确清晰的目标，提高团队成员的人均效率。

（三）分红股和超额分红的方案设定

分红股的基本逻辑就是，让激励对象享受公司利润。因为只有享受到公司利润，他们才会关心公司的成本、营业额、人均效率以及利润。

王品牛排是台湾餐饮业第一名，每个月都会拿出23%的利润分给员工，店长每个月都能享受到利润分红，甚至连服务员都能看懂公司的财务报表，因为公司利润跟他们密切相关。

如何制订分红股和超额分红的方案？首先，要明确公司针对哪些人实施分红股激励，实施的目的是什么？

吸引人。要想将人们吸引过来，首先就要确定合伙人画像。具体来说，标准如下。

1. 价值观

不能只关注员工的业绩，还要关注他们的品行和品德。价值观可以变成1或0，要么合格，要么不合格。比如，你是一个客服，跟顾客吵架；你是一个销售，跟顾客打架，威胁客户说你学过跆拳道，把顾客吓个半死……这些都是价值观不合格。公司价值观是诚信，报销住宿费，本来一天280元，却报380元，就违背了公司诚信的价值观。美特斯邦威是一家服装公司，一位拓展部总监当年在上海浦东新桥租了一个门面，年租金500万元，跟公司报600万元，多报了100万元。这个总监违背了诚信的价值观，被发现后，只能承担后果。

2. 职级

首先要明确，要招的人是什么样的级别。比如，公司要设计一张《职等职级表》，这个人是主管、经理，还是总监、副总，就需要以岗定级、以级定薪。有同学问我，老师，20万元能招到一名人力资源吗？我说，那要看你招什么人了，如果是人力资源主管，肯定能招到；如果是人力资源副总，肯定招不到。

3. 工龄

员工是半年、一年还是两年才可以享受分红？笔者建议半年以上，制造业可以是两年，普通公司半年或一年。当然具体时间的选定，还跟员工的成熟周期有关，如果行业半年成熟，就可以分红；行业两年成熟，就两年后分红。这个时间，就是等待期或成熟期。

4. 绩效

二手房经常作评估，我们家门口有几个二手房门店，如果员工没完成任务，每天晚上都要绕着小区跑8圈，我出来跑步时，总能看到他们绕着小区跑步。绩效评估通常分为五级评价，S级叫卓越，A级就是优秀，B级就是良好，C级是合格，D级就是需改进。企业必须进行绩效评估，如果想开除员工，就要明确标准，不能莫名其妙地说员工不合格，要跟团队交代清楚，比如，因为他的业绩两个季度都没有达标。

5. 出勤系数

员工不能想来就来，想走就走，要将全勤奖跟分红挂钩。比如，营销总监请了几天的病假或事假，就要适当扣点钱；如果时间很长，请15天病假或10天事假，就要采取一定的措施了。员工的出勤系数要通过敬业来体现工作。小米的雷军之所以被誉为"劳模"，就是因为他在金山软件工作的15年中，没请过一天假，非常敬业。

6. 薪酬系数

如果公司没有职级系数，可以参考薪酬系数，老板一定要学会分钱。

员工甲拿了 7000 元，为什么分给员工乙 10000 元？一定是员工乙的某些贡献比员工甲要大。有人问任正非，20 年你主要干了什么？他说主要就是研究分钱。给员工分钱，一定要确定一套游戏规则，分得不好，很容易引起事端。

◎ **金玉良言** ◎

股份如何分？现在分，还是将来分？分多少？怎么分？分多久？这些事情，都要约定清楚。股份分红是一个非常专业的事情，不能乱分。

五、动态机制

所谓动态机制，就是永远都要保持敬业、精进、奋斗等状态。当然，想要永远保持这种状态，就必须建立一定的动态机制。

（一）什么是动态股权分配机制

企业初期，要确定一个股权分配机制，而不是固定股权分配。

所谓动态股权分配机制，就是企业在实现实质价值或实质价值突破时，按照先行确定的股权调整机制、按合伙人的贡献值对注册资本的股权比例进行调整，并根据调整后的股权比例进行分红。

动态股权分配机制的重点是动态，即分配时间要根据约定的成就情况进行灵活确定，即同时包括条件成熟的含义。在动态股权分配中，股权分配的时间、比例、价格都可以是"动态"的。

（二）动态股权分配的要点

动态股权分配的目的，是在创业企业有实质价值时能够公平分配，要点有三个。

1. 确定企业什么时候有实质价值

办理项目时，如果客户约定：研发的产品测试成功，根据研发进度预先确定为 1 年，其他创业者就能根据企业的客观情况进行约定。此外还要考虑企业的实质价值是否有明显突破的节点。比如，"融资金额""日活月活用户数""商品交易总额"等数据。

2. 计算各合伙人为企业带来的贡献

合伙人的贡献主要表现为为企业带来的资源，一般包括：现金投资、未领取相应报酬的劳动和服务、企业所需办公场地和物质设备、知识产品投入、融资和担保、岗位职责外的资源贡献等。合伙人可以对这些资源分别进行计算，例如，劳动报酬体现为 2 万元/月，现金贡献体现为投入资金的 1.5 倍（适合于缺钱的企业），知识产权贡献体现为一个可计算的使用许可费（如每件产品的许可费贡献为 N 元）等。

合伙人的贡献可以进行量化和明确区分，并不是所有的贡献都能作为股权分配的依据，比如，人脉资源关系、明显超出实际需要的资金、创意想法等。再如，合伙人岗位职责以内的工作带来的贡献已经在其应得工资报酬里体现。记住，合伙人不必对合伙人贡献的具体数额斤斤计较，只要规则相同即可，贡献的绝对值并不重要。

3.股权分配的具体方法

现实中,很多人会搞混投资机构的估值和企业的实质价值。其实,两者并不是一回事,特别是在企业的发展前期。合伙人要根据企业的实质价值来进行股权分配,与各人的贡献值计算相匹配。这里,建议用两种方法进行分配:一种是全动态股权分配;另一种是半动态股权分配。

(1)全动态,是指在里程碑达成时,通过计算全体合伙人的贡献,确定各合伙人的贡献占比,获得相应比例的企业股权。全体合伙人投入的贡献,即计算为企业的实质价值,与企业估值没有直接关系。

(2)半动态,是指创业企业中有一两个合伙人是企业的主导,比如,贡献大部分现金及其他资源,并全身心投入,担任企业的董事或执行事务合伙人,企业的部分股权(如30%)可以先行确定为该合伙人所有,剩下的部分按照前述方法进行动态分配。

同时,在股权分配时,不要分配掉100%的股权,原因有二:一是企业处于发展过程中,还可能会引入更多的人才和资源,需要留下部分股权。二是合伙人的贡献在前期占比很高,比如,现金在创业初期作用巨大;在中期和后期会相对较低。虽然前期合伙人承担的风险最大,获得更多分配是公平的,但这种公平是相对的,企业要想获得长远发展,就要在每次公平中得到平衡,这一点对巩固合伙人之间的关系非常重要。

◎ 金玉良言 ◎

合伙人的贡献可以进行量化和明确区分,并不是所有的贡献都能作为股权分配的依据,比如,人脉资源关系、明显超出实际需要的资金、创意想法等。再如，合伙人岗位职责以内的工作带来的贡献已经在其应得工资报酬里体现。记住，合伙人不必对合伙人贡献的具体数额斤斤计较，只要规则相同即可，贡献的绝对值不重要。

下篇
股权控制

第九章　掌握公司的绝对控制权

企业的运营与发展，总会伴随着众多问题，而关键还在于绝对控制权的掌握。但不同性质的公司，要想拥有这种绝对控制权，采取的方法也不会完全相同，比如，有限责任公司需要在章程中做好股权约定；而股份公司则要约定一致行动人。

一、合伙企业：GP普通合伙人控制

创业的道路是艰难的，每个创始人都会竭尽所能来发展壮大企业，当企业发展到一定阶段的时候，一般都需要借助外力——融资。但是，不得不承认的是，融到资金的过程，也是控制权转让的过程，一旦创始人的股权被稀释到一定程度，如果没有其他协议的特别规定，创始人的控制权就会受到威胁。

举几个例子：

2001 年，新浪在美国上市的第二年，创始人王志东被赶出董事会，失去了对新浪的控制权。

2010年，1号店以80%的股权为代价从平安融资8000万元。后来，平安将1号店控股权转让给沃尔玛，最终沃尔玛全资控股1号店，于刚离开。

2015年，俏江南创始人张兰被迫离开。

2016年1月，去哪儿网与携程正式联姻，创始人庄辰超无力反对，只能离开。

其实，这里所讲的控制权就是要在公司掌握权力。想要实现创始人的控制地位，首先就要明白公司的治理结构和决策机制。

资本的介入，股本必然会被稀释。公司多次融资，势必让创始人的股权不断被稀释，无法一直保持股权占比上的绝对地位。为了维持对公司的控股权，可以将部分股东的股权与投票权进行分离，股东不直接持有股权，把股东都放在一个有限合伙企业，让有限合伙企业来持股。

创始人担任有限合伙的普通合伙人（GP），其他股东为有限合伙人（LP），按照法律规定，有限合伙企业的LP不参与企业管理，从而达到创始人控制合伙企业，进而扩至公司的目的。

◎ 金玉良言 ◎

合伙企业引入资本后，股本必然会被稀释，如果融资次数很多，创始人的股权就会被不断稀释，无法在股权占比上处于绝对优势地位，更无法长期控制公司的运营。因此，为了更好地控制公司，就要将部分股东的股权与投票权进行分离，股东不直接持有股权，把股东都放在一个有限合伙企业，让有限合伙企业来持股。

二、股份公司：一致行动人

一致行动协议是股东之间签署的协议，约定在公司股东（大）会或董事会就重大事项表决时采取一致行动，扩大对公司的控制权。对于股份公司来说，要想掌握绝对控制权，就要设定一致行动人。

公司法中，并没有直接规定"一致行动"的定义，其规定主要来自证监会、证券交易所对上市公司的一些规定和文件，最主要的是证监会颁布的《上市公司收购管理办法》，第五条规定，"……收购人包括投资者及与其一致行动的他人"；第八十三条规定，"本办法所称一致行动，是指投资者通过协议、其他安排，与其他投资者共同扩大其所能够支配的一个上市公司股份表决权数量的行为或者事实"。股份公司是公众公司，监管更严格，股权的归属、实际控制人、收购及相关股份权益变动活动都应公开透明。

（一）宏观交易结构

1. 合同主体

（1）由股东签署。一致行动协议是由两个以上股东之间约定采取一致行动。从理论上来说，只要数量超过两个，即使是董事之间，也可以达成协议约定，但现实中董事也是由股东指派的，因此一般是由股东之间达成协议，同时就股东大会、董事会等表决约定一致行动。

（2）目标公司可以作为合同主体。在股东大会表决过程中，签署协议的股东可能不会按照一致行动协议的约定表决，这时候是否需要强行把该股东的表决意见认定为协议约定跟某股东一致的意见，在司法实践中，有完全不同的判决：如果公司是合同主体，理论上就能"强行"认定；否则，可能因为合同的相对性，导致合同守约方只能追究违约方的违约责任。

2. 合同类型

一致行动协议与表决权委托协议有很多相通之处，有一定的选择空间。一般来说，表决权委托主要是股权转让受限或股权转让协议履行中的一种过渡性安排，一致行动与股权转让不会发生直接关系，如果部分股东继续持有股权，各方就能对今后公司经营管理的一些安排达成一致，提高公司经营管理的稳定性。想要强化控制权，约定以某个股东意见为准，就可以直接使用表决权委托协议。

3. 合同程序

（1）一致行动协议的签署，既不需要目标公司股东大会或董事会批准，也不需要其他股东同意，甚至都不需要通知目标公司与其他股东。现实情况是，实务中的很多一致行动协议都是股东私下秘密签署的，形成的是一种"抽屉一致行动"关系，并不会影响协议的法律效力。

（2）股东之间一致行动协议的签署、解除和终止等需要根据有关监管规定披露，否则会招致处罚。公司一致行动协议的解除，为了减少对公司实际控制人的控制，就要签署《一致行动关系解除协议》，按照规定进行披露。对于公司解除一致行动协议的事项，监管机构可以发问询函，对相关问题做出说明。另外，原一致行动协议到期，继续保持一致行动的，不仅要签署续签文件，还要按照要求对重大事项进行披露。

（二）微观合同条款

1. 一致行动的事项及方式

（1）明确约定一致行动的事项。例如，就哪些事项采取一致行动、在哪些层面采取一致行动。

（2）约定各方形成一致意见。例如，以多数意见为准，或以某个股东的意见为准，或其他协商方式。

假定甲、乙、丙、丁四人签署一致行动协议，形成一致意见的方式主要有以下几种：以甲方意见为准，对甲方最有利，效果相当于乙、丙、丁将表决权委托给了甲方；以超过半数人或半数表决权意见为准，但甲方对某些事项保留一票否决权；以超过半数人或半数表决权意见为准，比较民主。

2. 一致行动期限

（1）一致行动的期限主要有以下几种：约定明确的起止日期；约定至某个条件达成时终止；在股权收购中，与股权转让协议作为配套文件，期限与之相关。

（2）特别情形下协议的解除。

股权转让。一方转让股权，不再持有公司股权，解除一致行动协议，要考虑标的股权受让方是否继续签署一致行动协议。

股东离职。一方股东原来在目标公司任职，之后离职长期不在公司，不参与公司实际经营，无法了解公司的经营状况，签署一致行动协议时，如果各方或特定方在公司任职，尤其主动方离职，可以约定有权解除一致行动协议。

其他原因。比如，一致行动人由于个人健康原因或年龄原因，没有精力参与公司决策，也能解除一致行动协议。

◎ 金玉良言 ◎

对于股份公司来说，要想掌握公司的绝对控制权，就要关注一致行动人，明确约定一致行动的事项，例如，就哪些事项采取一致行动、在哪些层面采取一致行动；并约定各方形成一致意见，例如，以多数意见为准，以某个股东的意见为准。

三、海外上市公司：AB股

对于海外上市公司来说，要想掌握公司控制权，就要 AB 控股。这种设置，不仅可以保证创始人对多数重大决策有绝对决定权，还能防止其权利的无限制扩大，在特别决议事项中受到其他股东的制衡，形成股东之间的平衡，有利于增强公司股权结构和治理结构的稳定性。

（一）关于 AB 股制度

AB 股制度即双重股权结构，又称特别表决权制度，是指公司的股本结构中含有两类代表不同投票权数量的股权架构。根据表决权数的高低，具有特别表决权的股份和普通股份分别被习惯性称为 A 类股和 B 类股，本质是同股不同权。

实践中，公司在普通股份之外，还会发行一定数量的拥有特别表决权的股份，每一单位特别表决权的股份（A 类股）拥有的表决权数量在规则允许的范围内大于每一单位普通股份（B 类股）拥有的表决权数量。

在中国，AB 股制度作为一项崭新的公司治理工具，其目的是使股东和管理层更高效、更合理地管理和运营公司，加强创始人对上市公司的控制力，保障公司经营战略的稳定性和连续性。

对于科技类公司，特别是周期长、投入大、需要多轮融资筹措企业发展资金的公司，比如：集成电路、生物医药、新经济企业，进行多轮融资，如果没有特别的股权结构的安排，创始人的股权最后会被大量稀释，很容易在后续经营中失去公司的控制权，被迫出局。因此，AB 股制度对科技类企业具有较大的发展空间，可以满足这类企业发展的需求。

（二）AB 股制度的法规依据

AB 股制度，在中国经历了一个从无到有的过程，在法规层面的依据主要如下。

1.《中华人民共和国公司法》（以下简称公司法）

公司法第一百零三条规定："股东出席股东大会会议，所持每一股份有一表决权。"第一百二十六条规定："股份的发行，实行公平、公正的原则，同种类的每一股份应当具有同等权利。"因此，股份公司原则上要求同股同权。不过公司法第一百三十一条，允许国务院对股份有限公司发行其他种类的股份另行做出规定，为 AB 股制度创新预留了空间。

相比之下，有限责任公司则更灵活。公司法第四十二条规定："股东会会议由股东按照出资比例行使表决权；但是，公司章程另有规定的除外。"从本质上来说，该规定为有限责任公司设置"同股不同权"预留了空间。

2.《国务院关于推动创新创业高质量发展打造"双创"升级版的意见》（以下简称《"双创"意见》）

2018 年 9 月 26 日，国务院发布《"双创"意见》，推动完善了公司法等法律法规和资本市场相关规则，允许科技企业采取"同股不同权"的治理结构。

3.《关于在上海证券交易所设立科创板并试点注册制的实施意见》以下简称《实施意见》

2019 年 1 月 28 日，中国证监会颁布《实施意见》，允许科技创新企业发行具有特别表决权的类别股份，每一个特别表决权股份拥有的表决权数量大于每一普通股份拥有的表决权数量，其他股东权利与普通股份相同，正式明确了科创板拟上市企业在符合条件的情况下可以设置 AB 股。

4.《上海证券交易所科创板股票上市规则》（以下简称《科创板上市规则》）

2019 年 4 月 30 日，上海证券交易所重新修订《科创板上市规则》，允许股份有限公司首次公开发行上市前设置表决权差异安排，并对设置了特别表决权的公司内部治理也做出了详细规定，包括市值要求、设置特别表决权的时间、股东资格、表决权限制、普通表决权保障、特别表决权股份与普通股份的转换等。

5.《深圳证券交易所创业板股票上市规则》（以下简称《创业板上市规则》）

2020年6月12日，深圳证券交易所修订《创业板上市规则》，允许股份有限公司首次公开发行上市前设置表决权差异安排，并在公司市值、设置特别表决权的时间、股东资格等方面提出了详细要求。

6.《深圳经济特区科技创新条例》（以下简称《创新条例》）

2020年8月28日，深圳市人民代表大会常务委员会颁布《创新条例》，并于2020年11月1日生效。该《创新条例》允许在深圳登记的科技企业的公司章程中约定表决权差异安排，在普通股份之外，设置了拥有大于普通股份表决权数量的特别表决权股份。

◎ 金玉良言 ◎

对于海外上市公司来说，AB股是拥有公司控制权的最佳方法。因为，AB控股不仅可以保证创始人对多数重大决策有绝对决定权，还能防止其权利的无限制扩大，在特别决议事项中受到其他股东的制衡，形成股东之间的平衡。

第十章 企业保证控制权的黄金策略

逻辑是验证真理的首要途径，实践是验证真理的唯一途径。只有采用正确的策略，才能有效推动执行，才能保证公司控制权的掌控。企业保证控制权的黄金策略主要有：一票否决权、股权代持、控制公司董事会等。

一、一票否决权

商场如战场，公司控制权争夺的战场，很大一部分集中在董事会，比如，阿里的管理制度最值得研究的就是对董事会的掌握。从一定意义上来说，董事会一票否决权的设置是公司控制权博弈的一件利器。

（一）有限责任公司的一票否决权

所谓一票否决权，就是为了保护自己的利益，投资人要求在公司章程中做出特别约定，即使不参与企业日常经营，但在公司重大事项上依然享有一票否决权。

由于不同投资人的要求不同，不同企业的情况不同，对重大事项的约定自然也不同。但是一般来说，对重大事项的约定都包括：聘任高管和员工激励计划、对外投资和担保、重大资产购置、增资扩股、股权转让限制、董事席位变化等。如果章程中没有设立一票否决权条款，投资人通常也就不敢投资了。

如果公司增长很快，估值很高，每一轮领投的投资人都可能获得一票否决权，但投资人不会滥用这种否决权。比如，滴滴打车在早期几轮融资时，领投方都享有一票否决权，但大家都没人动用这项特权。在滴滴打车与快滴合并时，所有投资人的一票否决权都被拿掉，变成了投资人多数共享一票否决权。

实践中，优秀企业通常都会经过数轮融资，最好采取投资人共享一个一票否决权的模式。相对来讲，这种权利配置风险较小，可以在投资人之间形成制约，减少滥用的情况。但是，为了制约创始人，章程需要明确规定，当创业者出现违法或不当行为时，应取消其否决权。

（二）一票否决权的设置

在公司控制权的斗争中，一票否决权的设置，不仅是董事会的规则制定，更是公司控制权之战的一件利器。因此，无论是投资者还是公司，谁都不想将董事会的话语权轻易出让。据此，在设置一票否决权时，要把握以下几点。

第一，谨慎审查投资者的董事会一票否决权。对于投资需求，如果其派出的董事想对董事会所有事项具有一票否决权，公司应勇敢地拒绝，一旦投资者全面掌控了公司，创始股东就要面临被边缘化的风险。

第二，在公司章程中明确某些事项是由股东会还是董事会行使，避免边界模糊。对于公司的对外投资、担保、高管自我交易等事项，公司法将决策机关的确定交由公司章程自行规定，上述事项应由股东会或董事会进行决议，应当在公司章程中作出明确规定。

第三，公司章程中要规定董事会一票否决权。如果董事会的一票否决权仅在投资协议中作了约定，公司章程中没有规定，那么仅对签约双方有效，并不具备公司章程的作用，因此，无论是投资者的董事会一票否决权，还是创始股东的一票否决权，都要尽可能地在公司章程中作好规定，并进行工商登记备案。

（三）股份公司不能创设董事会一票否决权

公司法第四十八条规定，董事会的议事方式和表决程序，除本法规定的外，都由公司章程规定。董事会应当将所有事项的决定做成会议记录，而出席会议的董事应当在会议记录上签名。

董事会决议的表决，实行一人一票。虽然从原则上来说，董事会的表决机制是一人一票，但有限公司董事会的议事方式和表决程序可以由公司章程进行规定，即通过公司章程的方式设置董事会一票否决权。

当然，虽然有限责任公司可以通过公司章程为投资人设置"董事会一票否决权"的权力，赋予投资人委派的董事在董事会决议中一票否决的效力，但是股份有限公司不能在董事会表决机制中设置"一票否决权"。股份有限公司是开放式公司，需要保护公众利益，对于组织机构表决权机制的运作，必须符合法律规定，不能让股东自由约定。股份公司董事会的表决应严格遵循一人一票基本原则,股份公司不能创设董事会一票否决权。

◎ 金玉良言 ◎

无论是投资者还是公司,都不愿意轻易出让董事会的话语权。因为,董事会一票否决权的设置是公司控制权博弈的一件利器。

二、股权代持

股权代持,也是保证控制权的一种有效方法。

股权代持又称委托持股、隐名出资或假名出资,是指"实际出资人"与"他人"约定,以他人名义代实际出资人履行股东权利义务。

(一)股权代持的相关法律规定

我国现行法律体系中关于股权代持的主要规定如下。

1. 司法解释

《最高人民法院关于适用〈中华人民共和国公司法〉若干问题的规定(三)》(以下简称《公司法司法解释(三)》)中涉及股权代持的有关条款如下。

第二十五条规定:有限责任公司的实际出资人与名义出资人订立合同,约定由实际出资人出资并享有投资权益,以名义出资人为名义股东,实际出资人与名义股东对该合同效力发生争议的,如无合同法第五十二条规定的情形，人民法院应当认定该合同有效。

前款规定的实际出资人与名义股东因投资权益的归属发生争议，实际出资人以其实际履行了出资义务为由向名义股东主张权利的，人民法院应予支持。名义股东以公司股东名册记载、公司登记机关登记为由否认实际出资人权利的，人民法院不予支持。

实际出资人未经公司其他股东半数以上同意，请求公司变更股东、签发出资证明书、记载于股东名册、记载于公司章程并办理公司登记机关登记的，人民法院不予支持。

第二十六条规定：名义股东将登记于其名下的股权转让、质押或者以其他方式处分，实际出资人以其对于股权享有实际权利为由，请求认定处分股权行为无效的，人民法院可以参照物权法第一百零六条的规定处理。

名义股东处分股权造成实际出资人损失，实际出资人请求名义股东承担赔偿责任的，人民法院应予支持。

第二十七条规定：公司债权人以登记于公司登记机关的股东未履行出资义务为由，请求其对公司债务不能清偿的部分在未出资本息范围内承担补充赔偿责任，股东以其仅为名义股东而非实际出资人为由进行抗辩的，人民法院不予支持。

名义股东根据前款规定承担赔偿责任后，向实际出资人追偿的，人民法院应予支持。

2. 相关法律

《中华人民共和国合同法》（以下简称合同法）第五十二条规定：有下

列情形之一的,合同无效:(一)一方以欺诈、胁迫的手段订立合同,损害国家利益;(二)恶意串通,损害国家、集体或者第三人利益;(三)以合法形式掩盖非法目的;(四)损害社会公共利益;(五)违反法律、行政法规的强制性规定。

《中华人民共和国民法典》(以下简称民法典)第三百一十一条规定:

无处分权人将不动产或者动产转让给受让人的,所有权人有权追回;除法律另有规定外,符合下列情形的,受让人取得该不动产或者动产的所有权:

(一)受让人受让该不动产或者动产时是善意;

(二)以合理的价格转让;

(三)转让的不动产或者动产依照法律规定应当登记的已经登记,不需要登记的已经交付给受让人。

受让人依据前款规定取得不动产或者动产的所有权的,原所有权人有权向无处分权人请求损害赔偿。

当事人善意取得其他物权的,参照适用前两款规定。

(二)防范和规避代持风险的方法

在股权代持过程中,无论是实际出资人还是名义股东,都要承担一定风险。如果采取代持的方式,就要提前布局,及早预防,采取合理合法的手段和措施,防范和规避代持风险。

1.完善股权代持协议

股权代持协议对于实际出资人至关重要,因为其重要权利和身份最终都将通过代持协议得以体现和实现。股权代持协议应明确约定委托持股数量、出资方式、投资权益、隐名股东和名义股东各自的权利义务、违约责任，在员工受托持股或授予股权激励的情况下，尤其要约定员工离职时解除委托协议收回投资的条件和流程，出现股权纠纷时，才会有适用的条款和依据。

为了防范名义股东因自身债务原因导致代持股权被处分、未经实际投资人同意擅自处分（转让、设定质押）代持股权或名义股东不予配合实际出资人行使相关股东权利，损害实际投资人的利益，就要明确该种情况下产生的法律责任该怎么承担。

股权代持协议是法院认定股权代持关系的重要依据，只有股权代持关系得到证明，实际出资人的股东权利才能得到保障。在股权代持协议中，不仅要写明股权代持关系，还要明确约定股东权利行使方式、违约责任等重要条款。如此，才能保障实际出资人股东的权利。

2. 取得公司其他股东的确认

有限责任公司股东的变更需要取得公司股东（过半数）的同意，为了防止今后发生变化，投资时，隐名股东可以向其他股东进行披露，并取得其他股东签字确认，同时要求其他股东在股权代持协议上签字确认。

3. 以代持股权向隐名股东质押

为了防止名义股东的债务问题导致股权被其他债权人查封，可以让名义股东将该部分代持股权质押给实际出资人或其指定的主体，并办理股权质押工商登记。名义股东法律上持有代持股权，但该股权又被质押给实际出资人，实际出资人在法律上占有并锁定代持股权。

这种操作方式有两大好处：（1）名义股东代持股权质押给实际出资人，处分代持股权会受到极大的限制，比如，依据法律规定股权在质押期间，没有撤销质押之前，股权无法完成转让登记。（2）名义股东将代持股权质押给实际出资人后，虽然在名义股东因自身债务被债权人强制执行的情况下，股权质押无法排除对名义股东名下代持股权的查封冻结行为，但依据民事诉讼法司法解释的规定，人民法院依然可以查封已经设定质押的股权。

4.实际投资人可以委派董监高参与公司经营

实际投资人向公司委派董事、监事、高管，不仅可以指导和参与公司经营，防止名义股东隐瞒经营情况，还能在最短的时间内迅速以董事、监事身份提起诉讼，不浪费时间，以免贻误时机。

5.委托人保存搜集代持股的证据

为了预防万一，实际出资人不仅要签订完善的股权代持协议，还要收集保存证明代持股关系的证据。比如代持股协议、出资证明、验资证明、股东会决议、公司登记资料等，如果受托人严重违约或法院冻结，为了维护自己的合法权益，委托人就要及时提出诉讼或执行异议。

6.约定财产权益归属

为了防范代持股权在名义股东因婚姻家庭关系发生变化或发生意外导致代持股权作为夫妻共同财产或者遗产被予以分配的情况发生，代持协议中应明确：被代持股权所产生的一切财产权益归委托人所有，不属于受托人即名义股东的个人财产，不能被继承，不能作为夫妻共同财产被分割。

虽然协议约定无法对抗善意第三人，但在受托人对财产进行分割时，也会形成一定的约束。

◎ 金玉良言 ◎

股权代持，是保证公司控制权的有效方法。但在股权代持关系中，无论是实际出资人还是名义股东，都承担着一定风险。想要建立代持关系，就要提前布局，及早预防，采取合理合法的手段和措施，防范和规避代持风险。

三、控制公司董事会

控制董事会，也是保证公司控制权的一种有效方法。

董事会处于中间层，上面受控于股东会，下面控制着经理层，还要受到监事会和董事会的内部监督，是连接股东会和经理层的桥梁，在公司治理结构中处于核心地位，是公司治理结构中众多委托代理关系指向的共同结点。

第一次委托，是股东会—董事会。在该委托代理关系中，董事会是受托方，是利益代表者，代表股东，对公司实施着控制和管理，负责股东大会闭会期间公司的重大管理决策。

第二次委托，是董事会—经理层。在该委托关系中，董事会是委托方，委托经理层具体执行决策，组织公司的生产管理，作为资源控制者，董事会通过聘任或解聘经理层人员并决定其报酬来发挥其经营管理的功能。

公司治理结构中的董事会，从权责划分的角度来说，董事会由股东会选举产生，对股东会负责，主要权责包括：选聘或解聘公司经理层，并决定其报酬；审议和批准经理层的战略计划、经营计划和投资方案；制订财务预决算方案、利润分配方案；决定公司合并、分离和解散等。

经理层由董事会聘任，主要对董事会负责，主要权责包括实施董事会决策；负责公司日常管理，包括内部设置和管理规章；负责内部员工选聘、管理，并决定员工报酬等。经验告诉我们，公司的控制权在于董事会。举个例子：京东的刘强东就是通过控制董事会，取得公司绝对控制权的，具体表现如下。

突击给自己发股票。根据京东招股书，刘强东持股 18.8%，勉强领先第二大股东老虎基金（18.1%）与第三大股东腾讯（18%，包括上市后 5% 认股权）。上市之后，刘强东成为第二大股东，腾讯跃居第一。刘强东利用董事会设定的激励条款，实施激励计划，突击给自己发放了 9000 多万限制性股票单位（RSUs），约占京东总股本的 4.3%，占据了第一大股东的位置。该激励条款由董事会规定，而京东董事会只有刘强东和李传福，李传福的背景与京东的其他小股东关系不大，更像是刘强东的智囊团成员。如此，董事会其实只有刘强东一人做决定。

股东的投票权委托给刘强东。根据京东的招股书，在京东发行上市前，共有 11 家投资人将其投票权委托给刘强东行使。刘强东持股只有

18.8%（不含代持的 4.3% 激励股权），却掌控着京东过半数（51.2%）的投票权。"一致行动人"，即通过协议约定，某些股东能够就特定事项投票表决采取一致行动；意见不一致时，某些股东就能跟随被授权股东投票。

设定 AB 股。按照股东协议约定，在上市之后，股东委托给刘强东的投票权会全数收回。也就是说，只要腾讯联手任何一家机构投资者，都可能把刘强东给赶走，为了应对这种情况，就出现了 AB 股架构。根据京东招股说明书，上市前京东的股票会区分为 A 序列普通股（Class A common stock）与 B 序列普通股（Class B common stock），机构投资人的股票被重新指定为 A 序列普通股，每股只有 1 个投票权。刘强东持有 23.1% 的股权（含其代持的 4.3% 激励股权），会被重新指定为 B 序列普通股，每股有 20 个投票权。因此，上市前实行 AB 股计划，虽然投资人会收回此前委托给刘强东行使的投票权，但通过 AB 股计划，刘强东掌控的投票权不仅不会下降，还会远超目前 51.2% 的投票权。

可见，不能单纯地认为，只要公司的经营和管理离不开自己，就能成功控制公司，而实现对公司的控制权在于董事会。

董事会会议机制可以由公司章程规定，董事会会议表决，实行一人一票。对于股份有限公司，要想举办董事会，至少要有超过半数的董事出席；董事会作出决议，必须经全体董事过半数通过；董事会会议，董事要出席，因故不能出席的，可以书面委托其他董事代为出席，委托书中要载明授权范围。

只要控制了董事会的成员席位，就能控制董事会的决议，最终达到控制公司的目的。实践中，控制公司董事会有以下几种方式。

第一，提高表决通过所需投票比例。公司章程将一些重要事项列为董事会的特别表决事项，比如将董事提名、选举董事长、对外投资及担保等重大事项列为特别表决事项，需经过2/3以上董事的同意才可以。

第二，控制董事的提名方式。董事由股东、董事会成员提名，还可以公开召集候选人。董事会提名最常见，一旦发生控制权之争，董事会就会利用公司章程不明确之处或特别规定来剥夺股东提名。

第三，审查董事资格。例如，公司章程规定，董、监事候选人的产生程序如下：董事会召开股东座谈会，听取股东意见，审查候选人任职资格，最终确定候选人。

第四，限制董事的更换数量。规定每年只能改选部分董事，设置更换董事的比例，让原控制人在董事会中保持优势地位。

第五，限制股东提名董事的人数。例如，公司章程规定，由董事会根据股东股权结构确定选举或改选的董事名额。

第六，控制公司股东会的表决权，选举或指派代表自己利益的董事成员。

◎ **金玉良言** ◎

董事会是连接股东会和经理层的桥梁，要受到监事会和董事会的内部监督，在公司治理结构中处于核心地位，拥有绝对话语权，是公司治理结构中众多委托代理关系指向的共同结点。因此，只要掌握了董事会，也就掌握了公司的控制权。

第十一章 消除引发控制权旁落的隐患

即使掌握了公司的控制权，也不是一劳永逸的。实践中，稍有不慎，都会导致控制权的旁落。比如，股权结构不合理，大股东就会恶意控制公司，致使创始人出局；大股东一旦发生意外，就会对公司运营和决策造成负面影响；股东私自转让股权，则会让权利转出，对公司运营造成负面影响等。因此，对于这样的隐患，我们一定要多加注意。

一、股权结构不合理导致创始人出局

1998年，王志东开始担任新浪网CEO（首席执行官）。2001年6月，段永基等新浪5名董事在董事会上对王志东宣布免除其在新浪的一切职务，原因在于：王志东认为，要想拯救门户网站，就要关注广告，但当年新浪网广告收入增长缓慢；同时，他还坚决反对持有4亿美元现钞的中华网与新浪网的合并计划。结果，在没有提前通知的情况下，董事会宣告更换公司CEO，且未给他任何讨论和解释的机会。王志东极力争取，最终也只能被迫离开，眼睁睁看着自己的产业被别人夺走。

作为新浪网的创始人，在王志东的领导下，新浪网成了全球最大中文门户，并于 2000 年在 NASDAQ（纳斯达克）成功上市。王志东也因此被列为"中国互联网产业十位最有影响力企业领袖"之首。股权过度稀释，最后就会死在股权结构不合理上；股权结构的不合理，直接导致了王志东的出局。那么，股权架构如何才能避免踏入雷区？创始人如何防止被踢出局？股份少的股东如何说了算？如何有效地治理控股股东？

股权设计的根本是控制权力。股权是权力与利益的综合体，是责权利险能五位一体的具体体现。股权结构不合理，会对企业造成巨大伤害。

1990 年潘宇海在东莞创业，开办了"168 甜品屋"。1994 年，姐姐潘敏峰和姐夫蔡达标与潘宇海合作经营，潘宇海占 50%，蔡达标占 25%，潘敏峰占 25%。当公司从"168 蒸品店"到"双种子公司"，再转变为后来的"真功夫"时，这种股权架构一直都没有改变。2006 年，蔡达标和潘敏峰协议离婚，潘敏峰将自己的 25% 股权给蔡达标，潘宇海与蔡达标两人的股权变成了 50%：50%。

2007 年"真功夫"引入两家风险投资基金，谋求上市。在蔡达标的主持下，开始推行去"家族化"的内部管理改革，由职业经理人替代原来的部分家族管理者。具体人员由蔡达标挑选，潘宇海被架空，二人的矛盾开始公开化。潘宇海不满被边缘化，开始状告蔡达标，蔡达标因挪用公司资产被捕，资本方退出，潘宇海重新掌舵，公司重新起航。

虽然真功夫的股权之争告一段落，却错失了中式快餐发展的黄金时期,股权之争的几年,开店数量几近停滞,IPO 也随之泡汤。如果不是股权纷争,"真功夫"可能比现在发展得更快更好。在前期,潘宇海如果能够提前掌握公司的控制权,也就不会发生后来的控制权之争了。

为什么大股东要占 66% 以上的股权?

按照公司法要求,公司的重大决策,只有获得 2/3 以上的股权支持率,才能通过;持股 67%,对公司拥有绝对控制权,可以修改公司章程,分立、合并、变更主营项目、重大决策等;持股 51% 和 34%,对公司拥有相对控制权和安全控制权。即使是小股东,只要持股 1%,就拥有代为诉讼权,可以间接调查和起诉(查账)。

◎ 金玉良言 ◎

公司股权结构不合理,创始人无法对公司的决策和运营进行有效控制,一旦引入的投资者控制了公司大部分股权,创始人就容易被架空,继而导致出局。

二、大股东恶意控制公司

实践中,大股东常用的侵害小股东利益的方法如下。

1. 大股东设立全资子公司,转移资产

大股东设立全资子公司,将业务或资产都转到子公司名下,会间接排除小股东的股东权利。如此,公司法赋予股东的各种权利都将被"挂"起来，只能看不能用，小股东只能眼睁睁地受压制，有苦难言。一旦母公司设立了子公司，尤其是全资子公司，该子公司的全部控制权就被控制在母公司大股东的手中。

2. 大股东拒不分红

有限责任公司是否分配利润以及分配多少利润属于公司股东会决策范畴。股东虽然基于投资关系能够取得利润分配的期待权，但能否转化为具体的利润分配请求权，完全取决于公司能否盈利、股东会是否依法作出分配利润的决议等多项条件。在股东会作出决议之前，股东会直接向人民法院起诉请求判令公司向股东分配利润，就会伤害到小股东的利益。

《公司法司法解释（五）》第四条规定："分配利润的股东会或者股东大会决议作出后，公司应当在决议载明的时间内完成利润分配。决议没有载明时间的，以公司章程规定的为准。决议、章程中均未规定时间或者时间超过一年的，公司应当自决议作出之日起一年内完成利润分配。决议中载明的利润分配完成时间超过公司章程规定时间的，股东可以依据民法典第八十五条、公司法第二十二条第二款规定请求人民法院撤销决议中关于该时间的规定。"

3. 虚假出资或抽逃出资

虚假出资或抽逃出资主要是指，在设立公司或增资配股过程中，控制股东名义上向公司投入资本，实际上该资本并没有履行产权转移手续，仍然保留在控制股东的名下；或者，大股东虽然名义上向公司现金转款，但出资后，他们会利用控制公司的便利，通过各种手段将资金转移。也就是说，控制股东通过开具虚假的出资证明，没有真实投入资产或现金，却拥有了公司股权。

《公司法司法解释（三）》第十七条规定："有限责任公司的股东未履行出资义务或抽逃全部出资，经公司催告缴纳或返还，其在合理期间内仍未缴纳或者返还出资，公司以股东会决议解除该股东的股东资格，该股东请求确认该解除行为无效的，人民法院不予支持。"

4. 大股东滥用表决权不按股权比例分红

公司法第三十四条规定："股东按照实缴的出资比例分取红利；公司新增资本时，股东有权优先按照实缴的出资比例认缴出资。但是，全体股东约定不按照出资比例分取红利或者不按照出资比例优先认缴出资的除外。"

为了规避全体股东约定不按照出资比例分红的规定，股权激励的分配方案并不需要100%通过，分红的时候，完全可以增加股权激励的部分。

5. 大股东恶意转移公司主营业务

公司法第二十条规定："公司股东应当遵守法律、行政法规和公司章程，依法行使股东权利，不得滥用股东权利损害公司或其他股东的利益……公司股东滥用股东权利给公司或其他股东造成损失的，应当依法承担赔偿责任……"

6. 大股东恶意转移公司核心资产

未经股东会决议，法定代表人以明显不合理低价将公司资产转让给其关联公司，是"恶意串通，损害国家、集体或者第三人利益"，转让合同无效。

公司法第二十一条规定："公司的控股股东、实际控制人、董事、监事、高级管理人员不能利用其关联关系损害公司利益。违反前款规定，给公司造成损失的，应当承担赔偿责任。"

7. 大股东不开股东会直接做决议

未经依法召开股东会或董事会并作出会议决议，而是由实际控制公司的股东单方召开或虚构公司股东会、董事会及其会议决议的，即使该股东实际享有公司多数股份及表决权，其单方形成的会议决议也不成立。

持股超过67%以上的股东，在公司控制权争夺过程中，要严格按照公司法和公司章程的规定召开股东会，让小股东充分表达，然后凭借手上的股东投票权，使公司股东会作出符合大股东意志的股东会决议。

《公司法司法解释》第五条规定："股东会或股东大会、董事会决议存在下列情形之一，当事人主张决议不成立的，人民法院应当予以支持：（一）公司未召开会议的，但依据公司法第三十七条第二款或公司章程规定可以不召开股东会或股东大会而直接作出决定，并由全体股东在决定文件上签名、盖章的除外。"

8. 未经决议滥用担保

公司法第十六条规定："公司向其他企业投资或者为他人提供担保，依照公司章程的规定，由董事会或股东会、股东大会决议；公司章程对投资或者担保的总额及单项投资或者担保的数额有限额规定的，不能超过规定的限额。公司为公司股东或者实际控制人提供担保的，必须经股东会或者股东大会决议。前款规定的股东或者受前款规定的实际控制人支配的股东,不能参加前款规定事项的表决。该项表决由出席会议的其他股东所持表决权的过半数通过。"

接受公司担保时,不仅要对章程进行审查,根据章程的规定,要求担保公司出具同意担保的股东会或董事会决议,还要对同意担保的股东会或董事会决议进行审查。只要做到这一点,即使该股东会或董事会决议存在某些瑕疵,也不会影响担保合同的法律效力。

9. 恶意规避优先购买权

(1)"投石问路。"股东先用高价转让少部分份额(如1%)的股权,排除其他股东同等条件下优先购买权。受让人取得股东资格后,第二次再签订股权转让协议完成剩余股权转让。剥夺了原股东在同等条件下的优先购买权,恶意串通损害第三人利益,合同无效。

(2)"虚张声势"。如果对外转让通知及股东会决议中载明的价格远高于股权实际转让的价格,就会背离同等条件,侵犯股东优先购买权,这样的转让是无效的。《公司法司法解释(四)》第十八条规定,人民法院在判断是否符合"同等条件"时,应考虑转让股权的数量、价格、支付方式及期限等因素。

10. 恶意对股东进行罚款

(1)公司章程可以约定股东会有权决议对违反公司章程约定的股东进行罚款。

(2)公司章程规定对股东进行罚款应遵循比例原则,明确规定罚款的标准和幅度。

（3）公司章程中规定的"罚款"，虽然与行政法等公法意义上的罚款不能完全等同，但在罚款的预见性及防止权力滥用上仍具有可比性的作用。因此，公司章程赋予股东会有权对股东进行罚款时，应明确罚款的范围、标准和幅度等。否则，股东会所作出的罚款决定认定为无效。

11. 滥用表决权剥夺小股东提名权

对公司董事、经理等重要职位，公司章程可以赋予小股东人事提名权。大股东不能利用表决权的优势地位形成股东会决议剥夺该提名权，否则股东会决议无效；即使大股东滥用股东权利给小股东造成损失，也只能提起损害赔偿之诉，不能诉请确认股东会决议内容无效。

12. 模糊表达会议议题，间接排除小股东权利

向全体董事发送董事会会议通知，议题包括对董事会行使章程第十六条第九项、第十一项职权做出决议；制定公司印章、证照、银行印鉴管理基本制度。公司章程第十六条第九项规定，"董事会的职权包括召集股东会会议、决定公司法定代表人"；第十一项规定，"根据董事长的提名决定聘任或者解聘公司总经理和公司财务负责人"。

◎ **金玉良言** ◎

大股东恶意控制公司，也会导致控制权的旁落，一旦大股东拒不分红、虚假出资或抽逃出资、滥用表决权不按股权比例分红、恶意转移公司核心资产等，公司的运营就会出现问题。严重者，还会导致公司衰落。

三、大股东发生意外

在合伙创业中,每个人都会提前做好面对市场宏观经济起伏变化的准备,但很少有人会想到这里还存在一个巨大的"隐藏风险":合作伙伴的人身意外风险。公司股东之一不幸突发意外,很可能会影响到公司财务的正常运转。

公司法第七十五条规定:

自然人股东死亡后,其合法继承人可以继承股东资格;但是,公司章程另有规定的除外。

若公司为有限公司,相对具有一定的人合性,即各股东个人特性会影响公司经营状态。如果其他股东比较依赖该股东的个人能力、信誉、经营渠道等,或股东经营理念不同,一旦变更了股东,就可能对公司及其他股东产生重大不利影响。

其实,鉴于有限公司具有的人合特性,对于股东资格是否可以继承历来有所争议。以北京与上海为例。

《北京市高级人民法院关于审理公司纠纷案件若干问题的指导意见(试行)》第十二条规定:

有限责任公司作为具有人合性质的法人团体,股东资格的取得必须得到其他股东作为一个整体（公司）的承认或认可。有限责任公司的自然人股东死亡后，其继承人依法可以继承的是与该股东所拥有的股权相对应的财产权益。如果公司章程规定或股东会议决议同意该股东的继承人可以直接继受死亡股东的股东资格，在不违反相关法律规定的前提下，法院应当判决确认其股东资格，否则应当裁定驳回其起诉。

《上海市高级人民法院关于审理涉及公司诉讼案件若干问题的处理意见（三）》第二条规定：

继承人、财产析得人或受赠人因继承、析产或者赠与可以获得有限责任公司的股份财产权益，但不当然获得股东身份权，除非其他股东同意其获得股东身份。

因此，为了避免因股东资格继承对公司经营造成的影响，可以在章程中对股东资格的继承做出限制。比如，某股东意外死亡后，继承人只能继承其股权所对应的财产权益；经剩余股东过半数同意后，才能继承股东资格。

◎ **金玉良言** ◎

一旦大股东发生意外，公司财务就无法运行，因此为了避免因股东资格继承对公司经营造成的影响，可以在章程中对股东资格的继承做出一定的限制。

四、股东私自转让股权

股份制企业对于持股人有相关的规定和要求，股东未经过其他股东同意私自转让股权是不合法的。股权转让虽说可以自由买卖，但对于股权转让，不同的企业有不同的规定，国家也对股权转让设定了条件限制。

公司法第七十一条规定：

有限责任公司的股东之间可以相互转让其全部或者部分股权。

股东向股东以外的人转让股权，应当经其他股东过半数同意。股东应就其股权转让事项书面通知其他股东征求同意，其他股东自接到书面通知之日起满三十日未答复的，视为同意转让。

其他股东半数以上不同意转让的，不同意的股东应当购买该转让的股权；不购买的，视为同意转让。

经股东同意转让的股权，在同等条件下，其他股东有优先购买权。两个以上股东主张行使优先购买权的，协商确定各自的购买比例；协商不成的，按照转让时各自的出资比例行使优先购买权。公司章程对股权转让另有规定的，从其规定。

◎ **金玉良言** ◎

股份制企业对于持股人有相关的规定和要求。比如，股东向股东以外的人转让其出资时，必须经由全体股东过半数同意。没有经过其他股东同意，股东私自转让股权，是不合法的。

五、隐名股东潜藏危机

隐名股东也叫实际投资人，是指依据书面或口头协议委托他人代其持有股权的人。与隐名股东对应，通常被称为显名股东。有限责任公司是一种法律强制较多的经济组织，如今由隐名股东而引起的法律纠纷越来越多。

因为有限公司是以公开来换取有限责任的，公司承担了一系列法律规定的义务，而选择了合伙，就不需要承担这项义务。所以，公开是建立公司的重要条件。承认隐名股东，就意味着可以不公开，这是违反公司法基本原理的。从法律上来说，只有隐名合伙，没有隐名股东。

（一）隐名股东的法律风险

隐名股东需要承担以下几种法律风险。

1. 显名股东擅自转让股权

隐名股东与显名股东的代持股协议具有相对性，无法直接对抗相对人以外的第三人，再加上代持股协议通常不会对外公开，第三人自然也就无法知道该事项。在此情况下，如果显名股东没有经过隐名股东同意而将股权转让，根据民法典第三百一十一条的规定，该转让行为就是有效的，隐名股东不能基于其为实际投资人而否认股权转让协议并追回其股权。

2. 显名股东因个人债务原因，导致代持股权被作为其个人财产进行保全、强制执行或分割

实践中，显名股东可能会因个人债务被债权人起诉，使得登记在其名下的代持股权成为被人民法院保全或成为法院强制执行的标的物。在此情形下，虽然隐名股东可以以其对该股权实际享有权利，提出执行异议，但异议程序烦琐，还可能会因证据材料不足而被法院驳回。

3. 显名股东离婚或死亡时，代持股权可能被分割或继承

显名股东对外为合法的股权持有人，如果股权代持行为发生在其婚姻关系存续期间，显名股东离婚时其名下的代持股权就可能成为被分割的财产之一。此时，隐名股东如果不采取有效措施，自己的财产就可能会被他人分割。此外，显名股东如果死亡，隐名股东的股权还可能被显名股东的合法继承人所继承。

4. 显名股东拒不转交投资收益

通常情况下，隐名股东投资的目的是获得一定的投资收益。因此，在代持股协议中，需要隐名股东与显名股东约定有关转交投资收益的内容。如果公司效益向好、年终可分配利润增加，投资收益大幅增长，显名股东很可能就会不再履行代持股协议中约定的转交投资收益的义务，而将收益占为己有。

5. 显名股东滥用股东权利

根据相关法律规定，公司股东享有资产收益、参与重大决策、选择管理者及公司剩余财产分配等权利，股东行使上述权利，可以直接或间接影

响公司的决策和发展。在未得到隐名股东许可的情况下，如果显名股东擅自使用股东权利，就可能对公司的重大决策产生不利影响。

6.隐名股东不能显名化的风险

实际上，隐名股东的显名化是显名股东将其代持股权转让并变更登记在隐名股东名下的行为。依据《公司法司法解释（三）》第二十四条规定：

"隐名股东显名化，首先要确保其所签订的代持股协议不存在《中华人民共和国合同法》第五十二条规定的合同无效的法定情形；其次，为了维护有限责任公司的人合属性，隐名股东想要显名化，还要通过半数以上公司其他股东同意。"

这些规定会增加隐名股东显名化的难度。

（二）风险防范办法

隐名股东对外不是公司股东，其股权也会被登记在显名股东名下，其与公司的联系在法律上仅依靠与显名股东间签订的代持股协议。因此，隐名股东所能做的防范措施也相对局限，列举如下。

1.慎重确定显名股东的人选

显名股东的选任直接决定着代持股协议能否顺利履行。因此，显名股东的人选必须是隐名股东较为信任的人。

2.签订合法的代持股协议

代持股协议存在权利义务、责任承担方式约定不明问题，会直接影响隐名股东投资收益的取得及相关权利的行使。因此，在签订代持股协议时，要加重显名股东的违约责任，增加其违约成本和风险，并在协议签订后进行公证确认其效力。

3. 股权质押，防止其擅自转让代持股权

民法典第四百四十三条规定：以基金份额、股权出质的，质权自办理出质登记时设立。

基金份额、股权出质后，不得转让，但是出质人与质权人协商同意的除外。出质人转让基金份额、股权所得的价款，应当向质权人提前清偿债务或者提存。

4. 将显名股东的权利进行分割，避免滥用股东权利

在与显名股东签订代持股协议的同时，隐名股东可以要求其与第三人签订股东决策权等相关权利的让与协议，削弱显名股东的权利，保障隐名股东的利益。

5. 隐名股东作好对公司投资的留痕

为了增加自己与公司的联系，隐名股东对公司的所有投资须留有书面记录。同时，对显名股东的所有指示和要求也应尽量通过书面进行，并要求其同样以书面形式进行回复，以保留自己为该股权实际权利人的证据。

◎ **金玉良言** ◎

设立和变更公司时，都需要到市场监管局去登记股东情况。名义上是一个股东，其实是另一个股东，就会对国家造成欺骗；一旦出现这种情况，公开登记也就失去了意义。

六、公司控股股东制作"黑账"

如今,大多数公司实行所有权与控制权分离制,直接导致的结果就是,中小股东不直接参与公司管理,他们对公司的经营情况一无所知,信息上不对称。部分公司的控股股东为了达到一家独大的目的,甚至还会利用自己的控制权弄虚造假、剥夺中小股东的合法权益。

知情权是中小股东的基础性权利,也是中小股东制衡大股东的一种有效手段。如果想要查阅账目,公司该如何合理有效地操作?

王先生、周先生和田先生是一家房地产有限责任公司的小股东。由于占股有限,他们在公司并没有明确的职务,平常也不参与公司经营。而孙先生是该房地产公司的大股东,也是法定代表人。

2015年2月,三人了解到:公司因欠债而被十几家公司起诉。他们知道后非常震惊,在第一时间联系了大股东孙先生,想要查询账目。谁知,孙先生表示:公司经营正常,他们没必要操心。如果公司经营形势不错,就不可能对外欠那么多钱,三个人担心大股东侵害公司利益,于是打算查阅公司的财务材料。

孙先生开始表示,这需要股东会的同意,却一直不作任何明确答复。之后,不再接听他们三人的电话。三人一起到公司财务部,遭到工作人员的阻挠。他们感到很疑惑：小股东就不能查阅公司的财务账目？

其实，针对本案例，王先生等人是可以查阅公司自成立以来的财务账目的。不过，这里需要了解一个概念：股东知情权。股东知情权是股东享有对公司经营管理等重要情况或信息真实了解和掌握的权利，是股东依法行使资产收益、参与重大决策和选择管理者等权利的前提和基础。从立法价值取向角度看，股东知情权关键在于保护中小股东的合法权益。

公司法第三十三条规定：股东有权查阅、复制公司章程、股东会会议记录、董事会会议决议、监事会会议决议和财务会计报告。

股东可以要求查阅公司会计账簿。股东要求查阅公司会计账簿的，应当向公司提出书面请求，说明目的。公司有合理根据认为股东查阅会计账簿有不正当目的，可能损害公司合法利益的，可以拒绝提供查阅，并应当自股东提出书面请求之日起15日内书面答复股东并说明理由。公司拒绝提供查阅的，股东可以请求人民法院要求公司提供查阅。

结合本案例来看，王先生等人作为小股东只有查阅原始凭证才能知道公司真正的经营状况，其查阅目的符合法律规定，所以有权查阅财务账簿。这是王先生与其他中小股东应有的权利，也是股东的法律权利。

法律权利是指国家通过法律规定，对法律关系主体可以自主决定为或不为某种行为的许可和保障手段。股东享有股东权，股东权是基于股东地位而享有的权利。而股东知情权是指公司股东了解公司信息的权利。

股东知情权主要针对的是财务账簿查阅权、公司运营材料查阅权，可以保障股东对公司事务知道的权利，更全面地保护公司和股东权益，是公司监督权行使的一部分。股东作为公司的出资人,有权了解公司的经营状况。只有将原始凭证以及记账凭证纳入查阅的范围,才能避免公司控股股东等制作的所谓"黑账"而损害其他股东的权益。

◎ 金玉良言 ◎

对公司股东所享有的账簿查阅权,法律上持谨慎的态度。以法律形式认可的股东,不仅可以查阅公司会计账簿,还能对股东查阅权的行使设定一定的约束性条件。公司股东做"黑账",会抹杀其他股东的知情权,信息一塌糊涂,公司决策就容易出差错。

七、夫妻一方转移、隐秘股权

股权中的财产性利益部分,属于夫妻共同财产,未经配偶同意,一方擅自对外转让股权,会直接导致股权的旁落。

首先,婚姻关系存续期间,以夫妻共同财产投资于有限责任公司而登记于夫妻一方名下的股权,该股权的财产权及其收益原则上属于夫妻共同财产,即夫妻双方对该股权的财产权及其收益共同所有,除非夫妻双方就此做出特别约定。

其次,在夫妻关系存续期间,夫妻一方对外转让其名下的股权,只要符合公司法和公司章程的规定,没有侵害其他股东的优先购买权,第三人善意有偿受让股权,原则上不会因为该股权的转让行为未获得夫妻另一方的同意而导致转让行为无效的法律后果。

最后,如果股东以隐藏、转移、变卖、毁损夫妻共同财产为目的,恶意转让股权,侵害配偶一方的财产共有权,且受让人对此明知的,则配偶一方有权主张该股权转让行为无效。

由此可见,股权的合法转让主体是股东本人,而不是其所在的家庭,法律也没有规定股东转让股权需经配偶同意。未经配偶同意,股东擅自对外转让股权的,不会影响股权转让合同效力;但如果夫妻一方与第三人恶意串通,签订股权转让合同,以便转移夫妻共同财产,侵害配偶的财产共有权,该股权转让合同就是无效的。

相关法律条文:

公司法第四条规定,公司股东依法享有资产收益、参与重大决策和选择管理者等权利。

公司法第七十一条规定,有限责任公司的股东之间可以相互转让其全部或者部分股权。股东向股东以外的人转让股权,应当经其他股东过半数同意。股东应就其股权转让事项书面通知其他股东征求同意,其他股东自接到书面通知之日起满三十日未答复的,视为同意转让。其他股东半数以上不同意转让的,不同意的股东应当购买该转让的股权;不购买的,视为同意转让。

经股东同意转让的股权,在同等条件下,其他股东有优先购买权。两个以上股东主张行使优先购买权的,协商确定各自的购买比例;协商不成的，按照转让时各自的出资比例行使优先购买权。

公司章程对股权转让另有规定的，从其规定。

合同法第五十二条规定，【合同无效的法定情形】有下列情形之一的，合同无效：

（一）一方以欺诈、胁迫的手段订立合同，损害国家利益；

（二）恶意串通，损害国家、集体或者第三人利益；

（三）以合法形式掩盖非法目的；

（四）损害社会公共利益；

（五）违反法律、行政法规的强制性规定。

民法典第一千零六十二条规定，夫妻在婚姻关系存续期间所得的下列财产，为夫妻的共同财产，归夫妻共同所有：

（一）工资、奖金、劳务报酬；

（二）生产、经营、投资的收益；

（三）知识产权的收益；

（四）继承或者受赠的财产，但是本法第一千零六十三条第三项规定的除外；

（五）其他应当归共同所有的财产。

夫妻对共同财产，有平等的处理权。

民法典第五百九十七条规定，因出卖人未取得处分权致使标的物所有权不能转移的，买受人可以解除合同并请求出卖人承担违约责任。

◎ 金玉良言 ◎

股权中的财产性利益部分,属于夫妻共同财产,未经配偶同意,夫妻一方与第三人恶意串通,签订股权转让合同,转移夫妻共同财产,会侵害配偶的财产共有权,甚至直接导致股权的旁落。

第十二章　股权控制的章程约定

为了控制股权，最好拟定章程，作好约定。仅口头约定，很容易发生意外。具体来说，要在章程中约定好以下内容：法定代表人人选、对外投资和担保、股东会职权约定、股东会议事规则、表决程序、股权转让程序及限制性条件，股权能否继承等。

一、法定代表人人选

国有国法，家有家规，公司章程就是公司治理的根本法则，公司所有内控制度的建立都要以公司章程为蓝本，不管公司发生非诉行为，还是发生内部纠纷诉讼行为，都要参考公司章程。对于有限公司来说，要想掌握公司的绝对控制权，就要在章程中明确规定，作到有据可查。

公司章程是调整有限公司内部组织架构、运行规则及权利义务分配的基础性文件，其内容贯穿在公司设立、运营、议事、清算、注销等各阶段，直接体现了公司法人治理程度的高低。为了更好地控制公司，就要确定法定代表人人选，在公司章程中，可以规定为董事长、执行董事或者经理之一，董事长不一定是公司法定代表人。公司法第十三条规定，公司法定代表人依照公司章程的规定，由董事长、执行董事或者经理担任，并依法登记。

法定代表人，是指依照法律或法人组织章程规定，代表法人行使职权的负责人。如果出现下列情形之一的，就不能担任法定代表人：

（一）无民事行为能力或者限制民事行为能力的人。

（二）正在被执行刑罚或者正在被执行刑事强制措施的人。

（三）正在被公安机关或者国家安全机关通缉的人。

（四）因犯有贪污贿赂罪、侵犯财产罪或者破坏社会主义市场经济秩序罪，被判处刑罚，执行期满未逾五年的人；因犯有其他罪，被判处刑罚，执行期满未逾三年的人；或者因犯罪被判处剥夺政治权利，执行期满未逾五年的人。

（五）担任因经营不善破产清算的企业的法定代表人或者董事、经理，并对该企业的破产负有个人责任，自该企业破产清算完结之日起未逾三年的人。

（六）担任因违法被吊销营业执照的企业的法定代表人，并对该企业违法行为负有个人责任，自该企业被吊销营业执照之日起未逾三年的人。

（七）个人负债数额较大，到期未清偿的人。

（八）有法律和国务院规定不能担任法定代表人的其他情形的。

《企业法人的法定代表人审批条件和登记管理暂行规定》第十条规定：

"企业法人的法定代表人一般不能同时兼任另一企业的法定代表人。因特殊需要兼任的,只能在有隶属关系或联营、投资入股的企业兼任,并由企业主管部门或登记主管机关从严审核。"

从理论上说,已经在一家公司担任法定代表人的人,是不能再担任其他公司法定代表人的。原因有三。

首先,法人是独立的民事主体,法定代表人依附于法人而存在,一个自然人同时代表两个法人的意志,无法保障法人的独立主体地位。

其次,违反竞业禁止原则,很容易将一个法人的意志强加于另一个法人,损害法人的利益。

最后,不利于法定代表人正确行使职权,无法将其作用发挥出来。

◎ 金玉良言 ◎

为了更好地控制公司,就要确定法定代表人人选。在公司章程中,可以规定为董事长、执行董事或者经理之一,董事长不一定是公司法定代表人。

二、对外投资和担保

关于对外投资和担保权限,在公司章程中可以明确规定,由董事会或执行董事自行决定,不用股东会决定。

公司法第十六条规定,公司向其他企业投资或者为他人提供担保,依照公司章程的规定，由董事会或者股东会、股东大会决议；公司章程对投资或者担保的总额及单项投资或者担保的数额有限额规定的，不能超过规定的限额。

在公司行为中，对外投资或提供担保是一种普遍现象，如果是夫妻公司，或兄弟公司，或独资公司，也不聘请职业经理人担任公司职务（执行董事或董事长或经理或法定代表人），公司的对外投资、担保行为，就是公司股东的行为，如此，章程中也就不用硬性约定对外投资与担保条款了；如果想将公司做大做强，而公司股东构成比较复杂，制定公司章程时，就要约定对外投资与担保条款。

有这样一个案例：

杜先生与朋友合作成立一家公司，朋友持股67%，杜先生持股33%，资金全部是实缴，共计100万元，朋友担任执行董事兼法定代表人，杜先生虽是名义上的经理，但不参与日常管理。

两人在商量公司章程时，杜先生担心朋友会利用绝对控股地位，提供一些不必要的担保。杜先生疑惑了：如果在公司章程约定约束对外投资及担保的内容，对社会上的人有效吗？如果对社会上的人无效，可以根据章程来追究提供不当投资或担保者的经济责任吗？

公司章程中约定的担保、投资条款，通常情况下对社会上的第三人是没有约束力的，但确实能约束公司股东，或执行董事，或董事会，或法定代表人，或经理的不当行为。如果相关者没有依据公司章程对外投资或担保，导致公司受到损失，其他股东完全可以依据公司章程追究相关责任人的责任。从这个角度来说，公司章程也就相当于一份股东之间的协议。

公司法第十六条规定，公司向其他企业投资或者为他人提供担保，依照公司章程的规定，由董事会或者股东会、股东大会决议；公司章程对投资或者担保的总额及单项投资或者担保的数额有限额规定的，不能超过规定的限额。

公司为公司股东或者实际控制人提供担保的，必须经股东会或者股东大会决议。

前款规定的股东或者受前款规定的实际控制人支配的股东，不能参加前款规定事项的表决。该项表决由出席会议的其他股东所持表决权的过半数通过。

公司章程如果对投资额或担保额没有约定，就可以无上限，对于不参与公司经营决策的股东来说，将是一个潜在的风险。通常，要求在公司章程里约定对外投资额或担保额的都是由小股东或不参与经营决策的股东提出，并记载在公司章程里。

公司法第一百零四条规定："本法和公司章程规定公司转让、受让重大资产或者对外提供担保等事项必须经股东大会作出决议的，董事会应当及时召集股东大会会议，由股东大会就上述事项进行表决。"

公司对外投资和担保对股东权益有重大影响，因此最好由一般股东会或股东大会决议。当然，还可以部分或全部授权给董事会或执行董事决议。为了控制风险，对未经公司股东会或股东大会决议的对外投资或担保总额及单项投资或担保数额，在公司章程中最好明确规定。一旦管理层在对外投资、担保行为中违背章程规定，不影响对外的有效性，对内就可以依章程追究相关者的相应责任。

◎ **金玉良言** ◎

在公司行为中，对外投资或提供担保十分常见，如果是夫妻公司，或兄弟公司，或独资公司，不聘请职业经理人担任公司职务（执行董事或董事长或经理或法定代表人）时，公司的对外投资、担保行为，就是公司股东行为，如此，章程中不一定要约定投资与担保；但如果想将公司做大做强，公司股东构成比较复杂，制定公司章程时，就要约定对外投资与担保条款。

三、股东会职权约定

为了缩小董事会和股东会职权，在公司章程中，可以在法定职权外，再规定更多的职权。

公司法第三十七条规定，股东会可以行使下列职权：

1. 投资经营决定权

公司的经营方针和投资计划是否可行，能否给公司带来盈利并给股东带来利益？这个问题不仅影响着股东的收益预期，还决定着公司的命运与未来，对公司的意义重大，应由公司股东来作决定。

2. 人事权

股东会有权选任和决定由职工代表担任的董事、监事，如果董事和监事不合格，可以予以更换，董事、监事报酬、支付方式、支付时间等都应由股东会决定。但公司高级管理者的任免及报酬不由股东会决定。

3. 审批权

股东会有两种类型的审批权：第一种类型是审批工作报告，第二种类型是审批相关的经营管理方案。董事会有权力也有责任根据公司的经营情况，拟定上述文件，并提交给股东会。如果董事会违反法律和章程的规定、擅自决定应由股东会决定的事宜，隐瞒不报，越权营业，给公司造成了损失，就要承担相应的法律责任。

4. 公司重大事项决议权

股东会有权对增加或减少公司注册资本、发行公司债券、公司合并、分立、变更公司形式、解散和清算等事项进行决议。这些事项都跟股东的权益联系密切，应由股东会决议，其中一些事项的决议还要遵守公司法的规定，只有增加或减少注册资本，公司分立、合并、解散或变更公司形式以代表 2/3 以上表决权的股东同意，才能决议。

5. 修改公司章程权

公司章程由公司股东在设立公司时制定，是股东间的合意，为了保证多数股东的意愿，如果想修改公司章程，就要获得代表 2/3 以上表决权的股东同意。

6. 公司章程规定的其他职权

这是一个未尽事项的兜底规定。

◎ 金玉良言 ◎

为了缩小董事会和股东会职权，在公司章程中，可以在法定职权外，再规定更多的职权。

四、股东会议事规则、表决程序、任期

有这样一个案例：

甲、乙两股东签订了《投资协议》，决定共同投资成立一家有限责任公司。按照法律规定，成立有限责任公司时股东必须共同制定公司章程，并在章程上签字或盖章。结果，甲、乙两股东对于公司股东会议事规则是否要明确记载在公司章程中产生了争议。甲股东认为，公司的股东会及其议事规则必须写在公司章程中；乙股东则认为，股东会议事规则是公司自治范畴的事情，不必记录在公司章程中。

其实，公司章程中必须记载的事项包括五项"绝对必要记载事项"和四项"相对必要记载事项"。

"必要记载事项"，是指必须在公司章程中记载的事项，否则公司章程就不符合法律规定，公司也不会被注册登记；"绝对必要记载事项"，即公司章程必须按照事实记载的事项，如果没有记载，就会构成公司章程无效而不予登记；"相对必要记载事项"，是指公司章程中必须记载的事项，对

于具体内容，可以由公司章程决定。

公司设立后，需要建立符合有限责任公司要求的组织机构。比如，股东会、董事会、经理、监事会等。具体的产生办法，应当在公司章程中明确，并对一些具体问题作明确记载，比如，相应的职权、议事规则、议事程序等。

股东会议事规则，包括提前通知时限、召开时间、地点、表决权比例、议事方式和程序，都可以按章程规定进行；如果章程中没有明确，股东则要依据法定15天的通知时限，按照出资比例行使表决权。

公司法第四十一条规定，召开股东会会议，应当于会议召开15日前通知全体股东；但是，公司章程另有规定或者全体股东另有约定的除外。

公司法第四十二条规定，股东会会议由股东按照出资比例行使表决权；但是，公司章程另有规定的除外。

公司法第四十三条规定，股东会的议事方式和表决程序，除本法有规定的外，由公司章程规定。股东会会议作出修改公司章程、增加或者减少注册资本的决议，以及公司合并、分立、解散或者变更公司形式的决议，必须经代表三分之二以上表决权的股东通过。

◎ 金玉良言 ◎

公司设立后，依法应建立符合有限责任公司要求的组织机构。比如，股东会、董事会、经理、监事会等。具体的产生办法，应当在公司章程中明确，并明确相应的职权、议事规则、议事程序等具体问题。

五、出资比例的约定

公司法对有限责任公司的规定，充分体现其资合性特征的就是投资人的出资比例。设定合理的投资人出资比例，在章程中约定表决权，也是治理有限公司的重要内容，因此，在设计有限公司章程时，就要设计合理的出资比例。

1. 绝对控制权（67%）

公司法第四十三条第二款规定："股东会会议作出修改公司章程、增加或者减少注册资本的决议，以及公司合并、分立、解散或者变更公司形式的决议，必须经代表三分之二以上表决权的股东通过。"由此可见，占67%出资比例的股东是绝对控股股东，掌握着公司股东会的决策权。另外，法条中的"三分之二"包含本数，绝对控制权为67%并不确切，66.7%、66.67%等也能体现绝对控制权。

2. 相对控制权（51%）

公司法并没有对有限责任公司股东会一般决策事项的比例进行规定，而是赋予了投资人自由决定的权利。在司法实践中，对于有限责任公司一般事项的决策通过比例的表述一般都是"过半数""半数以上""二分之一以上"等，但三种表述表达的含义并不完全相同。

民法典第一千二百五十九条规定，民法所称的"以上"、"以下"、"以内"、"届满"，包括本数；所称的"不满"、"超过"、"以外"，不包括本数。

实践中最常见的做法，除了公司法规定的必须经过三分之二以上表决权的重大事项外，从理论上来说，51%的出资比例具有相对控制权。

3. 一票否决权（34%）

公司法第四十三条规定："公司重大事项必须经代表三分之二以上表决权的股东通过。"也就是说，持有超过三分之一表决权的股东对公司重大事项具有一票否决权；对只需要过半数即通过的事宜，无法否决。当然，在实践中，34%也并不确切，33.4%、33.34%等也均能体现一票否决权。

4. 临时会议权（10%）

公司法第三十九条第二款规定："代表十分之一以上表决权的股东……提议召开临时会议的，应当召开临时会议。"

第四十条第三款规定："董事会或者执行董事不能履行或者不履行召集股东会会议职责的，由监事会或者不设监事会的公司的监事召集和主持；监事会或者监事不召集和主持的，代表十分之一以上表决权的股东可以自行召集和主持。"

第一百八十二条规定："公司经营管理发生严重困难，继续存续会使股东利益受到重大损失，通过其他途径不能解决的，持有公司全部股东表决权百分之十以上的股东，可以请求人民法院解散公司。"

由此可见，代表十分之一表决权以上的股东具有临时会议权。

但是，这四种比例设计所代表的权利都适用于有限公司章程中没有约定不按照出资比例行使表决权的情况。根据公司法第四十二条规定，各投资人在公司章程中的约定，如果不按照出资比例行使表决权，以上比例都会失去意义。

另外，投资人在确定认缴的出资额时，要综合考虑多种因素，量力而行，既要考虑有限公司的实际需求，也要考虑自己的经济能力，还要考虑有限责任公司的人合性和股东人数，合理设置各投资人的出资比例。

◎ 金玉良言 ◎

对于有限公司来说，要想拥有绝对控制权，首先就要在章程中明确规定出资比例等。因为只有将所有的事项都落实到白纸黑字上，才能有据可依。

六、股权转让程序及限制性条件

股权对外转让，如何通知有优先购买权的股东？比如，具体的通知方式、通知内容等。为了更好地控制公司，这些内容都需在章程中细化。

（一）股权转让的程序

公司法第七十一条规定，有限责任公司的股东之间可以相互转让其全部或者部分股权。股东向股东以外的人转让股权，应当经其他股东过半数同意。股东应就其股权转让事项书面通知其他股东征求同意，其他股东自接到书面通知之日起满三十日未答复的，视为同意转让。其他股东半数以上不同意转让的，不同意的股东应当购买该转让的股权；不购买的，视为同意转让。经股东同意转让的股权，在同等条件下，其他股东有优先购买权。两个以上股东主张行使优先购买权的，协商确定各自的购买比例；协商不成的，按照转让时各自的出资比例行使优先购买权。公司章程对股权转让另有规定的，从其规定。

股权转让的具体程序如下：

1. 股东之间的转让

公司法第七十一条第一款规定，有限责任公司的股东之间可以相互转让其全部或者部分股权。

2. 非股东之间的转让

公司法第七十一条第二款、第三款规定了向股东以外的人转让股权的程序：应当经其他股东过半数同意。通知方式为书面通知。其他股东自接到通知之日起满三十日未答复的，视为同意转让。其他股东半数以上不同意转让的，不同意的股东应当购买该转让的股权；不购买的，视为同意转让。经股东同意转让的股权，在同等条件下，其他股东有优先购买权。两个以上股东主张行使优先购买权的，协商确定各自的购买比例；协商不成的，按照转让时各自的出资比例行使优先购买权。

3. 其他转让方式

（1）因法院强制执行而转让股权。公司法第七十二条规定，人民法院依照法律规定的强制执行程序转让股东的股权时，应当通知公司及全体股东，其他股东在同等条件下有优先购买权。其他股东自人民法院通知之日起满二十日不行使优先购买权的，视为放弃优先购买权。

（2）因继承而取得股权。公司法第七十五条规定，自然人股东死亡后，其合法继承人可以继承股东资格；但是，公司章程另有规定的除外。

（3）股东与公司之间股权转让。公司一般不能收购本公司股东的股份，但依公司法第七十四条规定，有下列情形之一的，对股东会该项决议投反对票的股东可以请求公司按照合理的价格收购其股权：（一）公司连续五年不向股东分配利润，而公司该五年连续盈利，并且符合本法规定的分配利润条件；（二）公司合并、分立、转让主要财产的；（三）公司章程规定的营业期限届满或章程规定的其他解散事由出现，股东会会议通过决议修改章程使公司存续的。

（二）股权转让的限制性条件

1. 股东之间主动转让股权

公司法第七十一条第一款规定，"有限责任公司的股东之间可以相互转让其全部或者部分股权"，即股东之间可以自由地相互转让其全部或部分出资，也不需要股东会表决通过。但是，国家有关政策从其他方面又对股东之间转让股权作出了限制。比如，国有股控股的交通、通信、大中型航运、能源工业、重要原材料等有限责任公司，其股东之间转让出资，并不能使国有股失去必须控股或相关控股地位，如果公司确实想非国有股控股，必须报国家有关部门审批。

2. 股东向股东以外第三人转让股权

公司法第七十一条第二款规定："股东向股东以外的人转让股权，应当经其他股东过半数同意。股东应就其股权转让事项书面通知其他股东征求同意，其他股东自接到书面通知之日起满三十日未答复的，视为同意转让，其他股东半数以上不同意转让的，不同意的股东应当购买该转让的股权；不购买的，视为同意转让。"可见，股东向股东以外第三人转让股权时不需要履行股东会的决议程序，只需股东将股权转让事项书面通知其他股东征求意见即可。

3. 因股权的强制执行引起的股权转让

公司法第七十二条规定："人民法院依照法律规定的强制执行程序转让股东的股权时，应当通知公司及全体股东，其他股东在同等条件下有优先购买权。其他股东自人民法院通知之日起满二十日不行使优先购买权的，视为放弃优先购买权。"股权作为一项民事财产权利，可以成为强制执行的标的，人民法院依照民事诉讼法等法规的执行程序，可以依据债权人的申请，强制执行生效的法律文书时，以拍卖、变卖或其他方式，转让有限责任公司股东的股权。

因股权强制执行引起的股权转让，不仅要符合一般股权转让的条件，还应具备以下条件：

强制执行有依据。根据我国民事诉讼法的规定，执行依据为已发生法律效力的判决、裁定、调解书、支付令及其仲裁裁决书、公证债权文书，应当具有给付内容，否则就不能作为强制执行股权的依据。

（1）执行时履行通知义务。只有其他股东依法放弃了优先购买权，才可以强制执行转让。

（2）股权强制执行的范围，受限于执行依据所确定的数额及执行费用。

4. 异议股东行使回购请求权引起的股权转让

公司法第七十四条规定："有下列情形之一的，对股东会该项决议投反对票的股东可以请求公司按照合理的价格收购其股权：（一）公司连续五年不向股东分配利润，而公司该五年连续盈利，并且符合本法规定的分配利润条件的；（二）公司合并、分立、转让主要财产的；（三）公司章程规定的营业期限届满或者章程规定的其他解散事由出现，股东会会议通过决议修改章程使公司存续的。自股东会会议决议通过之日起六十日内，股东与公司不能达成股权收购协议的，股东可以自股东会会议决议通过之日起九十日内向人民法院提起诉讼。"

◎ 金玉良言 ◎

股权对外转让，如何通知有优先购买权的股东？具体有通知方式、通知内容等，为了更好地控制公司，这些内容都需在章程中细化和体现。

七、股权能否继承

人生在世，天灾人祸难免出现。作为老板，如果不幸身故，公司的股权怎么办？能够作为遗产继承吗？这里，我们就以有限责任公司为例进行探讨。

（一）有限责任公司股权的继承

按照我国公司法第七十五条之规定："自然人股东死亡后，其合法继承人可以继承股东资格；但是，公司章程另有规定的除外。"也就是说，公司章程可以对继承人继承股东资格做出必要限制，包括授权其他股东或公司以公允价格收购继承人继承的股权。可是，在章程条款没有限制规定的情况下，继承人有权继承股权和股东资格。

原因在于，有限责任公司不仅具有资合性，还具有人合性。有限责任公司的成立和延续，股东之间相互信任和依赖的关系至关重要，如果某个自然人股东的继承人完全不能胜任股东，必然会对公司的经营管理造成不利影响。因此，如果公司章程对继承股东资格做了特别规定，死亡股东的继承人就不能成为公司股东。同时，自然人股东死亡，合法继承人如果是多人，继承人要想享受股东资格，需要满足必要的条件和程序。

（二）继承股权需满足的条件

公司法第七十五条规定："自然人股东死亡后，其合法继承人可以继承股东资格；但是，公司章程另有规定的除外。"因此，在公司章程无相关规定的情况下，其继承人完全可以依法取得股东资格，进行工商变更登记并不是继承取得股东资格的前提。

可见，公司法原则上规定自然人股东的合法继承人可以继承其股东资格，但基于有限责任公司的人合性，可以在公司章程规定：自然人股东死亡后，其合法继承人不能继承其股东资格。但公司章程只能限制继承人继承股东资格，而不能剥夺继承人获得与股权价值相适应的财产对价，即可以对股东的股权转让变价后由继承人继承。

（三）继承股权的一般程序

第一，如果公司股东只有两个，一名股东死亡，股东人数不足，按照公司法第二十条关于公司股东人数必须两个以上的规定，公司应申请解散、进行清算，剩余资产由继承人按照被继承人（死亡股东）对公司的投资比例进行继承。

第二，如果公司股东为两个以上，则应参照公司法关于股权转让的规定，按以下程序继承股权：

（1）公司全体股东召开股东会，按照公司法第三十五条、第三十八条及公司章程关于股东表决方式和表决权的规定，对是否同意继承人受让死亡股东的股权作出决议。如果股东不同意转让，就要购买死亡股东的出资，将所得转让费作为死亡股东的遗产由其继承人继承。

（2）由公司将继承人（股权受让人）的姓名、住所及受让的出资额记入公司股东名册。

（3）修改公司章程。

（4）到公司登记机关办理工商变更登记手续。至此，股权的继承程序完成。

（四）股权继承存在的风险问题

1. 股权继承的障碍

在实践中，对股东资格的继承存在很多障碍。

（1）公司法第二十四条规定："有限责任公司由五十个以下股东出资

设立。"但没有明确规定股东人数突破 50 人上限的情况下解决此问题的具体方式、解决期限，甚至也没有及时采取措施使股东人数符合法律规定的后果。

（2）股权继承的身份障碍。根据我国公务员法第五十三条规定，公务员不能从事或参与营利性活动，在企业或其他营利性组织中兼任职务。《中国人民解放军内务条令》（军发〔2010〕21 号，以下简称《内务条令》）第一百二十七条规定，军人不得经商，不能从事本职以外的其他职业和传销、有偿中介活动，不得参与以营利为目的的文艺演出、商业广告、企业形象代言和教学活动，不得利用工作时间和办公设备从事证券交易、购买彩票，不得擅自提供军人肖像用于制作商品。因此，存在身故股东的继承人由于特殊身份不能继承股东资格的风险。

2.股权继承的隐患

一个自然人股东的去世，会引来诸多继承人股东，会给其他股东带来不利的隐患，比如：虽然持股比例没有发生变化，但是在股东人数的投票表决中，投票表决的格局可能发生变化。同时，股份一旦落到无法胜任股东的继承人手中，会对公司的经营管理产生不利影响；身故股东的继承人能否获得利益、可以获得多少利益都具有不确定性；如果继承人是外籍，还会让公司变成一家合资公司，形成额外的审批义务与可能的经营范围限制。

3.股权转让的隐患

公司法对于向第三方转让股权的规定是："其他股东半数以上不同意

转让的,不同意的股东应当购买该转让的股权;不购买的,视为同意转让。"公司章程规定,禁止股权继承或继承人想要转让股权时应由其他股东购买,因为如果其他股东无法筹集足够的资金购买,股权可能会转让给第三方甚至竞争对手。

(五)股权继承需要缴税

股权作为一种特殊的财产,在直系亲属之间可以继承。不过,直系亲属之间的股权继承与赠与是需要纳税的。比如,印花税。

《中华人民共和国印花税暂行条例》规定:"在中华人民共和国境内书立、领受本条例所列举凭证的单位和个人,都是印花税的纳税义务人,应当按照本条例规定缴纳印花税。"产权转移书据是指,单位和个人产权的买卖、继承、赠与、交换、分割等所立的书据。股权赠与和继承按"产权转移书据"贴花,税率为所载金额的0.5‰。也就是说,直系亲属在赠与或继承股权的过程中,按股权面值的0.5‰的税率来计算缴纳印花税。

◎ 金玉良言 ◎

在公司章程中,可以对继承人继承股东资格做出必要限制,包括授权其他股东或公司以公允价格收购继承人继承的股权。在章程条款没有限制规定的情况下,继承人也有权继承股权和股东资格。

后记

企业家精神

不是所有创业者，都拥有合伙的格局和胸怀，而你做到了！

不是所有企业家，都拥有前进的坚毅和梦想，而你做到了！

不是所有创业者，都拥有改变的勇气和涅槃的决心，而你做到了！

不是所有企业家，都具有分享的大爱和使命，而你做到了！

随着互联时代的来临，企业与企业的边界越来越模糊，我们也迎来了一个中合利他、互为主体的伟大时代。

2020年秋天，我们去海尔游学。张瑞敏先生提出，从过去的海尔是"海"，变成了海尔是"云"，因为海有边界，而云没有边界。最近，这句话又被改成了一句热血沸腾的话，海尔是"火"，因为火才能无限燃烧，星火燎原，点亮世界。

海尔在互联时代最大的一个变革，就是人人都是CEO，部门即小微，员工即创客。合伙人并不局限于企业内部，更在外部，可以进行无限资源的对接，从过去的交付式顾客服务，变成交互式顾客服务。

无论是工厂、部门、员工，还是顾客，都是联系在一起的。生于一个

后 记

万物互联、万物共生的时代，我们是何其幸运，又是何其不幸。幸运的是，我们可以见证波澜壮阔的事业高峰；不幸的是，无法适应这样的变化，我们只能被这个时代所淘汰。我们必须具备"企业家精神"——推陈出新，颠覆过往，创造新的商业奇迹。

在这个世界上有一种职业，叫企业家！从事这种职业的人，没有下班和节日，没有后援和支持，没有休假和福利……从不言弃、星夜兼程，才能肩负使命，初心不改。

在近五年的咨询生涯中，我们不断提出股权激励的新思考和新系统。

第一大思考是TOP合伙人模型。

T是三（three），O是组织（organizer），P是人（people）。合在一起，TOP就是"顶尖"。TOP是一个三角模型——道人法。一是道，哲学解决人心的问题。二是O，组织解决人力的问题。三是P，通过机制解决人性的问题。人心、人力、人性的问题，是企业最根本的三大问题和三大支柱。从企业经营角度来说，其实也有三大核心：

第一步：价值创造。无论是OEC的目标管理，或者是华为的战略五部曲，或者是京瓷的赢在技术开发上，都聚焦于价值的创造，这就是道，是战略和哲学。

第二步：将道贯彻到人，实现价值增值和价值评价。无论是海尔的人单合一，还是京瓷的阿米巴，从本质上来说，都是在解决价值评价的问题。

第三步：解决机制的问题，即价值分享。挣钱之前，一定要确定好怎么分。先有游戏规则才会有游戏，只有提前设计好了分钱机制，大家才能产生无穷之动力。华为的成功，就缘于强大的共享和分钱机制。

第二大思考是激励一定要有组合拳。

单一的分红股权如果没做好，多半都会变成大锅饭，变成给员工送钱，因此必须打出股权激励组合拳。远期有期权，当下有超额分红，中期有虚拟股，形成一套短中远的激励组合拳，结果才能蔚为壮观。

第三大思考是，仅内部合伙，无法满足企业的需求，必须有外部价值的连接和共享。因此，合伙的本质是对内分享，对外共享，对外吸纳无限资源，对内激活凝聚团队。我们提出了十大类全景合伙人的理论，包括上下游合伙、资源合伙、资金合伙、版图合伙、联盟合伙、裂变合伙、经营合伙、事业合伙、全景合伙、联合创始人合伙等。

合为合美，合为天下之大事。如何做到这一点？一个字，"合"！

1. 与天地合其德。天地有大美而不言，天行健，君子当自强不息；地势坤，君子当厚德载物。天地以其仁厚，却不求回报，是为"德"，个人的品德是建功立业的基石。

2. 与日月合其明。日月给人们带来光芒、温暖和明亮。既然来到这个世界，就要为世界赋能，赋予价值，赋予意义，照亮大地，照亮人世间。这就是合其明。

3. 与四时合其序。春夏秋冬都有自己的自然规律，就像企业的生长，也有其规律，必须循序渐进。春天的时候，要播种，要厚积，要拼搏，不能做秋天收割的事情。团队没有长大，产品没有成熟，就不要幻想着秋天的收获。

4. 与团队合吉祥。和团队共同奋斗，迈向吉祥如意的人生，我吉则团队吉，团队祥则我祥。